南昌大学社会科学学术著作出版资助项目（项目标准号：NCU2017P019）
南昌大学管理科学与工程重点学科资助项目

环境规制、技术创新与工业企业绩效

Environmental Regulation
Technological Innovation and
Industrial Enterprise Performance

余 伟/著

中国财经出版传媒集团
中国财政经济出版社

图书在版编目（CIP）数据

环境规制、技术创新与工业企业绩效／余伟著．—北京：中国财政经济出版社，2018.2

ISBN 978 – 7 – 5095 – 8032 – 5

Ⅰ.①环… Ⅱ.①余… Ⅲ.①工业企业管理－企业绩效－研究 Ⅳ.①F406

中国版本图书馆 CIP 数据核字（2018）第 013699 号

责任编辑：卢元孝　　　　　责任印制：刘春年
封面设计：孙俪铭　　　　　责任校对：杨瑞琦

中国财政经济出版社 出版

URL：http://www.cfeph.cn
E – mail：cfeph@cfeph.cn
（版权所有　翻印必究）
社址：北京市海淀区阜成路甲 28 号　邮政编码：100142
营销中心电话：010 – 88191537　北京财经书店电话：64033436　84041336
北京财经印刷厂印装　各地新华书店经销
787×1092 毫米　16 开　13 印张　210 000 字
2018 年 3 月第 1 版　2018 年 3 月北京第 1 次印刷
定价：58.00 元
ISBN 978 – 7 – 5095 – 8032 – 5
（图书出现印装问题，本社负责调换）
本社质量投诉电话：010 – 88190744
打击盗版举报热线：010 – 88191661、QQ：2242791300

前　　言

改革开放 30 多年以来，中国经济取得了举世瞩目的成就，但是快速的工业化导致环境恶化，环境污染日益也成为国际国内关注的重要问题。作为最大的发展中国家，中国面临着降低环境污染的巨大国际压力。在 2009 年年底的哥本哈根气候峰会上，中国政府郑重承诺，到 2020 年，二氧化碳排放强度要比 2005 年下降 40% 到 45%。2015 年巴黎气候大会上中国重申将于 2030 年左右使二氧化碳排放达到峰值并争取尽早实现。环境污染问题产生的首要原因在于，污染负外部性导致的市场机制失灵，因此，来自政府层面的环境规制尤为必要。为了响应公众对环境保护的担忧和实现可持续发展，近年来中国中央和地方政府部门一直不断强化环境规制政策。为此，从 20 世纪 90 年代至今，国家和地方持续颁布关于环境规制的法规，基本上形成了我国环境保护法规的完整体系，使得环境治理取得了明显的成效。

但是令人担忧的问题是，政府实行严格的环境规制，可能会影响中国的工业竞争力，延缓中国的工业化进程。依据传统经济学理论，环境规制政策可能会给企业施加额外的减排和治污成本，从而降低企业的生产率和市场竞争力。不过被誉为世界战略之父的波特教授及其合作者对此的看法则相当乐观。Porter 和 van der Linde（1995）指出，严格且适宜的环境保护政策能够引发创新，抵消成本，不但不会造成厂商成本增加，反而可能产生净收益，使厂商在国际市场上更具竞争优势。我国政府制定的环境规制政策在对工业企业的环境污染进行有效控制得同时，必然也会直接或间接地对工业企业的竞争力产生影响。那么，对于中国来说，政府实行严格的环境规制，是给企业施加了额外的减排和治污成本，进而抑制企业的技术创新，最终导致企业经济绩效的降低，还是如波特教授所认为的能引发企业技术创新，不但能抵消环境规制遵循成本，反而能使厂商更具竞争优势，从而收获环境绩效提高和企业竞争力增强的"双赢"（win-win）结果呢？这是本书研究的重点问题。

本书共分为八部分。第1章介绍说明选题的背景、现实意义与理论价值，简要分析研究的方法、研究框架、技术路线以及可能具有的新意及不足。第2章在回顾以往关于环境规制与技术创新、环境规制与企业竞争力（绩效）理论与实证研究的基础上，指出了现有研究存在的不足以及可能的改进方向。第3章首先阐述了中国工业行业的整体污染状况，并通过对各行业污染物排放数据进行线性标准化和等权平均的方法，计算出各工业行业污染强度；其次系统总结回顾了中国环境保护工作的历程和现状、分析了中国环境规制政策工具的实践；最后测算了中国工业行业环境规制实施强度。第4章基于环境规制对技术创新的作用机理，实证分析了环境规制对工业行业企业技术创新的直接和间接影响，并考察了环境技术创新对非环境技术创新是否具有挤出的影响。第5章在第4章基础上，根据环境规制通过影响技术创新进而间接影响工业企业绩效的作用机理，实证分析了环境规制引致的技术创新对工业企业经济绩效和环境绩效的影响。第6章结合环境规制对企业绩效的作用机理，实证分析了环境规制对工业企业经济绩效和环境绩效的直接影响。特别是利用2008年中国对《水污染防治法》的修订这样一个自然实验，采用双重倍差法评估了《水污染防治法》的修订对中国工业企业经济绩效的影响。第7章选取中国30个省区市为样本，采用计量经济模型，比较了命令控制型、市场激励型和信息披露型三种环境规制工具对工业企业技术创新激励效应的影响差异。第8章总结本书研究结论，提出中国加强环境规制，增强企业技术创新能力，进而提高工业企业竞争力的政策建议。最后针对本书的研究内容提出了几个有待进一步深入研究的问题。

本书主要有以下四个方面的创新：

第一，从研究内容上讲，与以往的研究不同，本书全面系统分析了环境规制、技术创新与工业企业绩效的三者之间的关系。包括：环境规制对工业企业技术创新的直接和间接影响，严格的环境规制引致产生的技术创新对工业企业绩效的间接影响以及环境规制对工业企业绩效的直接影响。

第二，从分析方法上看，本书在理论分析的基础上，注重对各研究问题的定量分析和实证检验，并根据不同问题的实际需要，运用多种计量方法，包括随机效应和固定效应回归、差分动态 GMM 方法、倍差分析法（differences – in – differences）等，展开相关研究。如本书利用 2008 年中国对《水污染防治法》的修订这样一个自然实验，采用双重倍差法评估了《水污染防治法》的修订对中国工业行业企业经济绩效的影响，得到了更加稳健的研究结论。

第三，从研究视角上看，本书将工业企业绩效细分为经济绩效和环境绩效，探讨了环境规制引致的技术创新分别对企业经济绩效和环境绩效的影响以及环境规制分别对企业经济绩效和环境绩效的直接影响。而国内外大多学者对此问题的分析，主要是从环境效应和经济效应单方面进行分析。

第四，从数据使用上看，本书尝试从不同层次的样本数据中进行实证分析。如分析环境规制对工业企业技术创新的影响时，分别进行了总体情况分析和污染强度视角的分析；分析不同环境政策工具对工业企业技术创新的影响时，分别进行了全国层面的分析和不同区域的比较，有助于为检验"波特假说"在中国是否成立提供更多的经验证据。

作者

2017 年 12 月

目　　录

第1章　绪　　论 ……………………………………………………………… 1
   1.1　研究背景及意义 ………………………………………………………… 1
      1.1.1　研究背景 ………………………………………………………… 1
      1.1.2　理论意义 ………………………………………………………… 6
      1.1.3　现实意义 ………………………………………………………… 7
   1.2　环境规制的概念界定、分类和比较 …………………………………… 7
      1.2.1　环境规制的概念 ………………………………………………… 7
      1.2.2　环境规制的分类和比较 ………………………………………… 11
   1.3　研究方法和基本框架 …………………………………………………… 13
      1.3.1　研究方法 ………………………………………………………… 13
      1.3.2　基本框架 ………………………………………………………… 14
   1.4　本书的创新点与不足之处 ……………………………………………… 17
      1.4.1　创新点 …………………………………………………………… 17
      1.4.2　不足之处 ………………………………………………………… 18

第2章　国内外研究综述 ……………………………………………………… 19
   2.1　国外研究总综述 ………………………………………………………… 19
      2.1.1　新古典经济学的传统主义观点——"制约论" ……………… 19
      2.1.2　"波特假说"的修正主义观点——"双赢论" ……………… 21
      2.1.3　综合论的观点 …………………………………………………… 30
      2.1.4　"资源基础理论"的观点 ……………………………………… 31

2.2 国内研究综述 ·· 32
　　2.2.1 环境规制对企业技术创新的影响 ···················· 32
　　2.2.2 环境规制对企业绩效的影响 ························ 34
2.3 总结性述评 ·· 37

第3章 中国工业污染状况及环境规制的演进 ···················· 39
3.1 中国工业污染状况 ·· 39
　　3.1.1 工业水污染状况 ·································· 40
　　3.1.2 工业大气污染状况 ································ 41
　　3.1.3 工业固体废物污染状况 ···························· 43
　　3.1.4 中国工业污染强度的度量 ·························· 45
3.2 中国环境规制的演进 ······································ 47
　　3.2.1 中国环境管理机构的历史变迁 ······················ 47
　　3.2.2 中国环境保护法律法规体系的建立与完善 ············ 48
　　3.2.3 中国环境规制的实践 ······························ 54
3.3 中国工业环境规制实施强度分析 ···························· 71
　　3.3.1 环境规制强度测算的研究现状 ······················ 71
　　3.3.2 中国工业环境规制强度测算 ························ 73

第4章 环境规制对工业企业技术创新的影响 ···················· 76
4.1 环境规制对工业企业技术创新的直接影响 ···················· 76
　　4.1.1 理论分析与研究假设 ······························ 76
　　4.1.2 模型设计、变量定义和数据来源 ···················· 79
　　4.1.3 实证结果分析 ···································· 83
　　4.1.4 小结 ·· 88
4.2 环境规制对工业企业技术创新的间接影响 ···················· 89
　　4.2.1 理论分析与研究假设 ······························ 89
　　4.2.2 模型设计、变量定义和数据来源 ···················· 92

4.2.3 实证结果分析 ·· 92
4.2.4 小结 ·· 97

第5章 环境规制引致的技术创新对工业企业绩效的影响 ············ 99
5.1 理论分析与研究假设 ··· 99
5.2 环境规制引致的技术创新对工业企业经济
    绩效的影响 ··· 102
    5.2.1 模型设计、变量定义和数据来源 ························ 102
    5.2.2 实证结果分析 ·· 105
    5.2.3 小结 ·· 110
5.3 环境规制引致的技术创新对工业企业环境
    绩效的影响 ··· 111
    5.3.1 模型设计、变量定义和数据来源 ························ 111
    5.3.2 实证结果分析 ·· 113
    5.3.3 小结 ·· 116

第6章 环境规制对工业企业绩效的影响 ····························· 117
6.1 环境规制对工业企业经济绩效的影响 ························· 117
    6.1.1 理论分析与研究假设 ······································· 117
    6.1.2 数据来源与模型设计 ······································· 121
    6.1.3 实证结果及分析 ··· 121
    6.1.4 小结 ·· 124
6.2 环境规制对工业企业环境绩效的影响 ························· 125
    6.2.1 理论分析与研究假设 ······································· 125
    6.2.2 模型设计、变量定义和数据来源 ························ 127
    6.2.3 实证结果及分析 ··· 129
    6.2.4 小结 ·· 133

6.3 中国《水污染防治法》(2008) 的修订与工业企业
    经济绩效 ·· 133
  6.3.1 一次自然实验：中国《水污染防治法》(2008) 的修订 ············ 133
  6.3.2 估计方法 ·· 135
  6.3.3 实证结果 ·· 138
  6.3.4 小结 ·· 142

第7章 不同环境规制工具对企业技术创新的影响分析 ···················· 144
  7.1 引言 ··· 144
  7.2 理论分析 ·· 146
  7.3 模型设计、变量定义和数据说明 ··· 150
    7.3.1 模型设计 ·· 150
    7.3.2 数据来源与变量定义 ·· 151
  7.4 实证结果 ·· 157
    7.4.1 基本结果：全国层面的分析 ··· 157
    7.4.2 不同区域的比较：东部沿海和中西部地区 ······················· 159
  7.5 结论 ··· 161

第8章 结论与研究展望 ··· 164
  8.1 本书研究结论 ·· 165
  8.2 政策建议 ·· 167
  8.3 研究不足与未来展望 ··· 169

参考文献 ·· 171
附录 ·· 191
附录A 中国环境规制政策发展历程 ··· 191
附录B 中国工业行业代码及名称 ·· 198
附录C 中国工业行业环境规制强度测算结果 ······························ 199

第 1 章

绪 论

1.1 研究背景及意义

1.1.1 研究背景

自工业革命以来,人类生产活动在创造了大量财富的同时,也造成了严重的环境污染和生态退化等问题,不仅对人类的生存环境构成直接威胁,也对经济社会的可持续发展形成了严重制约。在 2007 年的联合国气候会议上,联合国气候变化问题研究小组指出,与 19 世纪初相比,全球气温平均上升了 0.7 摄氏度,如果再上升 1.3 摄氏度就会产生灾难性的后果①。近年来世界范围内频繁爆发严重的自然灾害和极端天气,也使人类社会付出了惨痛的代价(李树和陈刚,2013)。根据联合国环境规划署(UNEP)测算,2008 年,人类活动造成的全球变暖与环境破坏所引发的经济损失达到 6.6 万亿美元,占全球 GDP 总量的 11%②。面对经济发展与环境保护失衡对人类社会提出的严峻挑战,各国政府也在积极探索应对全球环境污染和气候变化的有效途径。2009 年,194 个国家的谈判代表和 119 位国家元首与政府首脑参加的丹麦哥本哈根世界气候大

---

① 引自新华网:http://news.xinhuanet.com/world/2007-12/18/content_7271808.htm。
② 引自中国新闻网:http://www.chinanews.com/gj/2010/12-31/2760346.shtml。

会，极大地促进了全球社会对于气候变化问题的关注①。2016年4月22日，170多个国家领导人齐聚纽约联合国总部，共同签署气候变化问题《巴黎协定》，承诺将全球气温升高幅度控制在2℃的之内，形成2020年后的全球气候治理格局。

改革开放以来，中国经济取得了举世瞩目的成就，GDP以年均接近10%的速度增长，2010年起GDP跃居世界第二位，在经济建设取得重大成就的同时，伴随而来的是日益严峻的环境压力。例如，有研究预测，如果单位GDP的二氧化碳排放量保持在2001年的水平上，到2018年，全世界的二氧化碳排放量将增长69%，达到250亿吨。而中国届时的排放总量将超过90亿吨，超过世界排放总量的36%，远远高于任何其他国家（Thomas，2007）。中国作为一个大国，积极有效处理好环境问题，既是自身保持经济社会可持续发展的需要，又是世界环境和气候问题所担负的义不容辞的责任。在哥本哈根气候峰会上，中国政府郑重承诺，到2020年，二氧化碳排放强度要比2005年下降40%~45%，并且在2011年通过的国民经济"十二五"规划中提出了单位GDP能源消费降低16%，单位GDP二氧化碳排放量下降17%的约束目标。2015年巴黎气候大会上国家主席习近平重申中国将于2030年左右使二氧化碳排放达到峰值并争取尽早实现。

中国政府一直以来高度重视环境保护工作。早在20世纪90年代，中国就将可持续发展战略作为中国经济和社会发展的基本指导思想。2003年，统筹人与自然和谐发展更是成为科学发展观的基本内涵之一。党的十六届五中全会进一步将"建设资源节约型、环境友好型社会"确定为经济社会发展过程中的一项重要战略任务。2011年国务院先后出台了《关于加强环境保护重点工作的意见》和《国家环境保护"十二五"规划》，召开了第七次全国环境保护大会，进一步明确了"十二五"环境保护目标任务、重点工作及政策措施。据有关资料统计，2007~2011年，国家颁布的关于环境规制的法规总数为268项，基本上形成了我

---

① 引自新华网：http://news.xinhuanet.eom/fortune/2009-12/26/content_127 07062.html。

国环境保护法规的完整体系①。2012年8月,十一届全国人大常委会第二十八次会议初次审议了《中华人民共和国环境保护法修正案(草案)》。面对日益严峻的大气污染形势,2013年9月,国务院印发了《大气污染防治行动计划》,提出到2017年,全国地级及以上城市可吸入颗粒物浓度比2012年下降10%以上,优良天数逐年提高。2014年《中共中央关于全面推进依法治国若干重大问题的决定》提出要用严格的法律制度保护生态环境,建立健全自然资源产权法律制度,完善国土空间开发保护方面的法律制度,制定完善生态补偿和土壤、水、大气污染防治及海洋生态环境保护等法律法规,促进生态文明建设。2015年1月1日,新修订的《环境保护法》正式施行,新环保法被誉为"史上最严格的环保法",表明了党中央治理环境污染的坚强决心。我国第一部专门体现"绿色税制"单行税法《环境保护税法》于2018年1月1日起施行,依照法律规定征收环境保护税,不再征收排污费。《环境保护税法》共5章、28条,分别为总则、计税依据和应纳税额、税收减免、征收管理、附则。除加强自身环境保护工作之外,中国也积极参与环境保护国际合作,截至2009年,中国已经加入30多项国际环境公约,内容涉及气候变化、臭氧层保护、生物多样性保护等方面。

另外,各地方政府为了切实发挥环境保护优化经济发展的作用,如通过环境影响评价推动产业结构调整,以环境标准引领企业技术进步,也先后因地制宜出台了相应的地方性法规与环保标准。2010年,污染大省山西出台了中国首个地方环境保护法规,《山西省减少污染物排放条例》,共分五章61条,将水、气、声、固废纳入减排的管理范畴;设定了法律上的责任主体分工;应用法律明确行政区域限批和企业限批的必要条件;提出生态补偿和责任保险,有效避免排污单位发生污染事故后政府"买单"的局面;填补了扬尘、机动车尾气、电子废物污染防治的立法空白等,为山西深化污染减排提供了强有力的法律支撑②。2011年占据全国大约1/4钢产量的河北省在国家钢铁工业系列污染物排放标准尚未正

---

① 数据来源:《全国环境统计公报》。国家环境规制法规包括:部门规章、地方性法规和地方性政府规章。
② 引自人民网:http://legal.people.com.cn/GB/203936/13595087.html。

式出台之时，率先推出地方标准《钢铁工业大气污染物排放标准》（DB13/1461—2011，以下简称《标准》），提高环保门槛，标准加严，以倒逼企业绿色转型①。《标准》实施后，将带来显著的环境效益。新、改、扩建钢铁项目从开始立项建设就要做到高标准、严要求，与国际水平接轨；现有企业将在生产工艺技术、治理技术可行的情况下明确污染物削减目标值，同时，新型治理技术的应用也会给钢铁企业带来可观的经济效益。2014年，面临日益严峻的大气污染形势，北京市第十四届人民代表大会公布了《北京市大气污染防治条例》。其规定，本市禁止新建、扩建高污染工业项目。市人民政府应当定期制定或者修订禁止新建、扩建的高污染工业项目名录、高污染工业行业调整名录和高污染工艺设备淘汰名录，并向社会公布。市和区、县人民政府应当制定和推行有利于防治大气污染的经济政策，引导企业调整能源结构，促进污染企业进行技术改造与产业升级，或者转产、退出②。

中央和地方采取的一系列环境治理措施，取得了较明显的环境治理成效。"十一五"期间，化学需氧量和二氧化硫排放量与2005年相比，分别下降了12.45%和14.29%③。图1-1和图1-2分别显示，2000~2011年，中国环境污染治理投资总额及其占GDP的比重呈现明显的上升趋势。然而，中国当前依然面临着严峻的环境形势，在2012年美国耶鲁大学和哥伦比亚大学联合推出的"年度全球环境绩效指数"（EPI）排名中，中国在132个国家中综合得分排名为116位，反映了中国环境污染的严重程度。2013年亚洲开发银行和清华大学发布的《中华人民共和国国家环境分析》报告称，中国最大的500个城市中，只有不到1%的城市达到了世界卫生组织推荐的空气质量标准（王杰、刘斌，2014）。

在经济学理论中，污染被认为是具有负外部性的典型公共物品，环境的消费具有非竞争性和非排他性，如果没有政府政策干预，经济发展往往会导致污染物的过度产生。因此，保护环境需要政府实行积极的环境管制政策来干预企业的生

---

① 徐俊华，周迎久．河北推动绿色转型出台钢铁工业大气污染排放新标［M］．中国环境报，2012-08-02。

② 引自新华网：http://www.bj.xinhuanet.com/bjzw/2014-02/12/c_119293313.htm。

③ 资料来源：《国家环境保护"十二五"规划》。

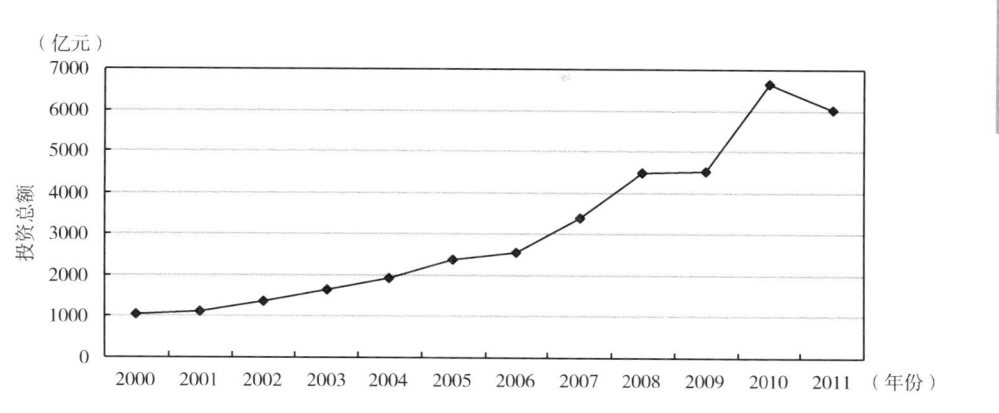

图 1-1 环境污染治理投资总额

资料来源:根据 2001~2012 年《中国环境年鉴》整理。当年环境污染治理投资总额调整为以 1978 年为基年的实际值。

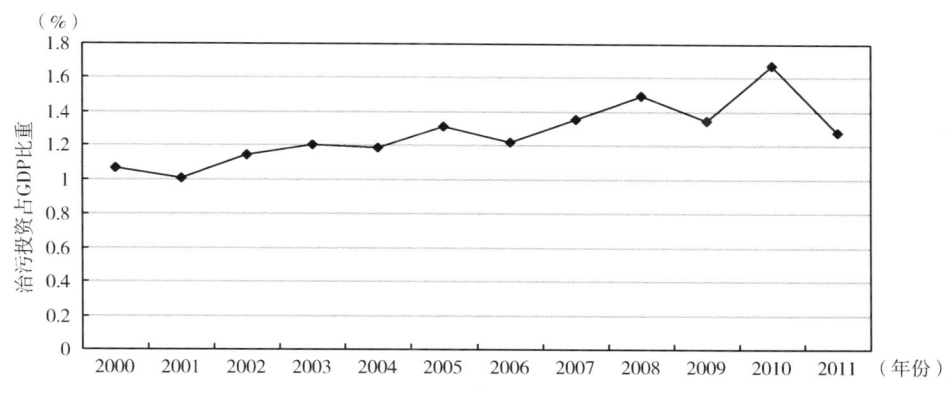

图 1-2 环境污染治理投资总额占国内生产总值(GDP)比重

资料来源:根据 2001~2012 年《中国环境年鉴》整理。当年环境污染治理投资总额和国内生产总值调整为以 1978 年为基年的实际值。

产活动,以提高能源效率和减少污染排放。特别是在市场失灵情况下,来自政府层面的环境规制政策对于克服环境污染的负外部性进而保护环境甚为必要。

但是令许多人担忧的问题是,政府实行严格的环境规制,可能会影响中国的工业企业绩效,延缓中国的工业化进程。这种担心并不是没有理论依据。在理论上,环境规制政策可能会给企业施加额外的减排和治污成本,从而降低企业的生产率和市场竞争力。例如,Gray(1987)研究发现,美国在 20 世纪 70 年代实行的环境规制政策，使其制造业生产率的年均增速下降了 0.17 到 0.28 个百分点左右，占到了同期美国制造业生产率下降幅度的 12%~19%。不过世界著名战略学家波特教授及其合作者对此的看法则相当乐观。Porter 和 van der Linde（1995）指出，严格且适宜的环境保护政策能引发创新，抵消成本，不但不会造成厂商成本增加，反而可能产生净收益，使厂商在国际市场上更具竞争优势。波特教授的上述观点被称为"波特假说"（Porter hypothesis），且近年来的实证文献也并不缺少"波特假说"的支持者（例如，Lanoie et al.，2008）。

那么，对于中国来说，政府实行严格的环境规制，是给企业施加了额外的减排和治污成本，进而抑制企业的技术创新，最终导致工业企业绩效的降低，还是如波特教授所认为的能引发企业技术创新，不但能抵消环境规制遵循成本，反而能使厂商更具竞争优势，从而收获环境质量提高和工业企业绩效增强的"双赢"（win-win）结果呢？另外，环境规制对中国工业的企业绩效有什么直接影响？中国不同的环境规制工具对工业企业的技术创新有什么不同的影响？这些问题的答案不仅有利于在理论上弄清环境规制、技术创新与企业绩效的关系，而且对于当前中国环境政策的修订和经济增长方式的转变、工业转型升级也具有特别重要的现实意义。

1.1.2 理论意义

本书研究的理论意义：

（1）环境规制在增加企业治污成本的同时，也能通过相应的机理影响企业的技术创新，并对企业的绩效带来影响，理论界关于这方面的系统研究不多，本书力求在这一方面有所突破。

（2）关于环境规制对技术创新的影响，无论在理论还是实证方面，都尚未取得一致性的结论。本书基于全部工业行业和污染强度视角，既考察了环境规制对技术创新的直接影响，也考察了环境规制与其他影响因素的交互作用对技术创新的间接影响，这对全面认识环境规制对工业企业技术创新的影响，具有十分重要的理论意义。

（3）目前国内对环境规制引致的创新活动对工业企业绩效的间接影响研究还不多，本书将环境规制、技术创新和企业绩效在统一的框架中进行研究，有助于全面认识环境规制、技术创新与企业绩效三者之间的关系。

（4）环境规制的技术创新效应受环境规制的工具类型、灵活性、执行强度等多种因素的影响，如何通过进一步完善现有中国的环境规制政策，最大限度发挥环境规制对技术创新的激励作用，抵消环境规制的成本，产生净收益，进而提高工业企业竞争力，为政府提供参考依据和技术支撑，具有重要的理论价值。

1.1.3 现实意义

本书研究的现实意义：

面对全球气候变化和国内资源短缺的约束日益加剧，政府如何通过实行严格的环境规制，引发工业企业的技术创新，促进中国工业的转型升级，进一步增强工业的竞争力，是事关我国经济未来发展前景的重大问题。不少学者十分关注环境规制对中国工业带来的创新效应，并且大多围绕环境规制与技术创新、企业绩效的某一方面分别展开，而将环境规制、技术创新和企业绩效三者结合起来的研究相对较少。国家"十二五"规划纲要明确指出：要健全节能减排法律法规和标准，强化节能减排目标责任考核，把资源节约和环境保护贯穿于生产、流通、消费、建设各领域各环节，提升可持续发展能力。要坚持把科技进步和创新作为加快转变经济发展方式的重要支撑。通过对环境规制、技术创新和企业绩效的三者关系进行综合考察，有助于弄清我国环境规制政策对技术创新和企业绩效的实际影响效果，为通过严格而合理的环境规制倒逼工业企业技术创新，实现工业升级，提高工业竞争力提供现实指导。

1.2 环境规制的概念界定、分类和比较

1.2.1 环境规制的概念

在对环境规制概念进行界定之前，首先明确规制的概念与内涵。规制（regulation）中文也被译成"政府管制"（government regulation），现代意义的政府规制往往与市场经济紧密联系在一起，在不同的文献中有不同的解释①。这些解释可以归结为"公共利益"和"利益集团"两大范式。公共利益是指所有社会成员的共同利益，它包括保证市场正常交换和有序进行的公共品，以及促进市场交换稳定有效发展的整体平衡。

　　大量文献在"公共利益范式"的基础上界定了规制的内涵。按照《新帕尔格雷夫经济学大辞典》的解释，规制是政府为控制企业的价格、销售和生产决策而采取的各种行动，政府公开宣布这些行动是要努力制止不充分重视"社会利益"的私人决策。规制的法律基础是由允许政府授予或规定公司服务权力的各种法规组成②。《社会科学纵览——经济学系列》对规制给予一个更为详尽的解释：规制是通过设立政府职能部门来管理经济行为的一种公共政策，试图克服"市场失灵"，影响市场力量，以带来经济和社会合意的效果，实现经济增长和经济发展；它是社会管理的方式，存在于极端的政府所有制和自由放任的市场之间，通常发生在资本主义市场经济和以市场为取向的经济体中；它包括对工商业行为的经济性规制和社会性规制；它反映在"一个混合经济"中，经济决策部分由私人商业做出，部分由公共政府官员做出。在经济性规制中，政府授予特许经营权或许可证，允许个人、企业从事工商业，控制其价格，批准其投资决策等。在社会性规制中，政府保护那些在政治、经济中处于弱势地位的实体——保护消费者远离危险产品，保护环境免遭产业行为危害和小集团免受歧视性商业实践危害③。日本学者植草益（1992）将规制定义为：依据一定的规制对构成特定社会的个人和构成特定经济的经济主体的活动进行限制的行为④。美国经济学家卡恩（Kahn，1970，1971）认为，规制作为一种基本的制度安排，实质就是政府命令

---

① 张红凤. 环境规制理论研究 [M]. 北京：北京大学出版社，2012：10.
② 约翰·伊特韦尔，默里·米尔盖特，彼得·纽曼. 新帕尔格雷夫经济学大辞典（中译本）. 经济科学出版社，1996：137.
③ Magill, F. N., 1991, Survey of Social Science-Economics Series, Vol. 4, Salem Press, Inc., pp. 1973 – 1974.
④ 植草益. 微观规制经济学 [M]. 北京：中国发展出版社，1992：1.

对竞争的明显取代，试图维持良好的经济绩效和取得良好的社会效益①。著名经济学家萨缪尔森则认为，规制是政府以命令的方法改变或控制企业的经营活动而颁布的规章或法律，以控制企业的价格、销售或生产决策②。

其他一些学者从"利益集团范式"的基础上给出了规制的定义。芝加哥学派代表人物斯蒂格勒提出了被广泛认可的定义范式：规制作为一项规则，是对国家强制权的运用，是应产业利益集团要求实现其利益而设计和实施的③。斯蒂格勒（1971）之后，佩兹曼（1976）、贝克尔（1983，1985）、麦克肯尼（1987，1997）、埃里克（1990）等许多学者沿用并拓展了这一分析范式，认为利益集团不仅包括产业利益集团，还包括消费者利益集团、环境保护主义者利益集团以及工会、纳税者集团等。沿用利益集团范式，史普博（1999）在综合经济学、法学、政治学的规制定义的基础上，重新界定了规制。他认为，规制是由行政机关制定并执行的直接干预市场配置机制或间接改变企业和消费者的供需决策的一般规制或特殊行为④。

国内一些学者也尝试对规制的内涵提出自己的见解。王俊豪（2001）指出，政府规制是具有法律地位的、相对独立的政府规制者（机构），依照一定的法规对被规制者（主要是企业）所采取的一系列行政管理与监督行为⑤。杨建文（2007）认为，政府规制是政府部门通过对某些特定行业或企业的产品定价、产业进入与退出、投资决策、危害社会环境与安全等行为进行的监督与管理⑥。余晖（2008）认为，规制是指政府的许多机构，以治理"市场失灵"为己任，以法律为依据，大量颁布法律、法规、规章、命令及裁决为手段对微观经济主体的不完全的市场交易行为进行直接的监控或干预⑦。张红凤（2012）将"公共利益"和"利益集团"

---

① Kahn. A. E. The Economics of Reguiation: Principles and Institutions [M]. Cambridge, Mass: MIT Press, 1988: 36 – 45.
② 保罗·萨缪尔森，威廉·诺德豪斯. 经济学 [M]. 高鸿业译，北京：中国发展出版社，1992：864 – 865.
③ 施蒂格勒. 产业组织与政府管制 [M]. 上海：上海三联书店、上海人民出版社，1998：210.
④ 丹尼尔·F. 史普博. 管制与市场 [M]. 上海：上海三联书店、上海人民出版社，1999：45.
⑤ 王俊豪. 政府管制经济学导论 [M]. 北京：商务印书馆，2001：2.
⑥ 杨建文. 政府规制：21 世纪理论研究潮流 [M]. 北京：学林出版社，2007：2.
⑦ 余晖. 管制与自律 [M]. 杭州：浙江大学出版社，2008：25 – 29；2. 杨建文. 政府规制：21 世纪理论研究潮流 [M]. 北京：学林出版社，2007：2. 余晖. 管制与自律 [M]. 杭州：浙江大学出版社，2008：25 – 29.

两大范式进行融合,将现代意义上的规制界定为:在市场经济条件下,政府(规制机构)利用国家强制权依法对微观经济主体进行的直接经济、社会控制或管理。其规范目标是克服"市场失灵",包括克服微观经济无效率(自然垄断、外部性、公共品、信息不对称)和社会不公平,实现社会福利的最大化,即实现公共利益;而实证目标则是侧重于利益集团的利益,最终实现财富再分配。

环境规制属于社会性规制的范畴,是指由于环境污染具有负外部性,政府通过制定相应的政策与措施,对企业的经济活动进行调节,以达到保持环境和经济发展相协调的目标(熊鹰,2007)。自 2000 年以后,国内外学者逐渐将注意力转向环境规制问题。原因在于,2000 年以后,世界各国环境污染的加剧促使规制部门开始重视对环境的规制,从而带动了环境规制领域研究的兴起。

学术界对环境规制含义的理解存在一个不断认知的过程。郎铁柱和钟定胜(2005)认为环境管理是指国家运用行政、经济、法体、技术、教育等手段,对人类活动施加影响和控制,以协调人与环境之间的关系,实现可持续发展[①]。傅京燕(2006)认为环境规制的目的是使生产者和消费者在做出决策时将外部成本考虑在内,从而将他们的行为调节到社会最优化生产和消费组合[②]。在总结前人研究的基础上,赵玉民等(2009)提出环境规制是以环境保护为目的、个体或组织为对象、有形制度或无形意识为存在形式的一种约束性力量。并从环境规制提出主体、手段、对象、目标和性质五个纬度对环境规制进行了界定和拓展,据此将环境规制划分为隐性环境规制与显性环境规制两类。其中,隐性的环境规制主要指内在于个体的环保意识、环保态度和环保观念等;而显性环境规制又可划分为命令控制型环境规制、基于市场的激励性环境规制与自愿性环境规制三种[③]。赵红(2011)认为:环境规制作为社会规制的一项重要内容,是指由于环境污染具有外部不经济性,政府通过制定相应的政策与措施,对企业的经济活动进行调节,以达到保持环境和经济发展相协调的目标[④]。王文普

---

① 郎铁柱,钟定胜. 环境保护与可持续发展[M]. 天津:天津大学出版社,2005.
② 傅京燕. 环境规制与产业国际竞争力[M]. 北京:经济科学出版社,2006.
③ 赵玉民,朱方明,贺立龙. 环境规制的界定、分类与演进研究[J]. 中国人口·资源与环境,2009,(6):85-90.
④ 赵红. 环境规制对中国产业绩效影响的实证研究[M]. 北京:经济科学出版社,2011:35.

(2012) 将环境规制理解为政府为保护环境而采取的对经济活动具有影响的一系列措施[①]。

基于上述分析，本书将环境规制界定为：政府为实现环境质量改善和经济发展"双赢"的目标，通过制定和实施相应的政策与措施（如法律制度、政策和污染物排放标准等），对经济活动主体（以企业为主）的生产行为进行直接或间接的调节规范，同时对环境污染破坏行为进行禁止、限制的管理活动。

1.2.2 环境规制的分类和比较

自 20 世纪 30 年代以来，先后出现的"八大公害事件"[②] 使发达国家开始重视环境问题，之后世界各国大都相继建立起环境规制制度。世界各国的环境规制经历了如下演变轨迹：第一阶段各国政府主要依靠命令与控制（command and control, C&C）政策进行规制；第二阶段 20 世纪 80 年代之后，命令与控制型环境规制在某些情况下导致的高成本、低效率受到了广泛批评，基于市场型（market-based）环境规制开始得到重视；90 年代以来，环境规制进入了第三阶段，以信息披露为特点的环境规制创新成为这一阶段的标志。我们将这三个阶段的环境规制工具分别称为命令与控制型环境规制、基于市场型环境规制、信息披露型环境规制。

命令与控制型环境规制是指政府通过立法或制定行政部门的规章、制度来确定环境规制的目标、标准，并以行政命令的方式要求企业遵守，对于违反相应标准的企业进行处罚。由于规制目标的确定、规制机构的建立以及规制政策的执行、监督和处罚都要经过法律的确认，这类政策也被称作法律规制（legal regulation）政策。另外，由于具体规制政策的制定、实施都是由行政部门以命令的方式进行，对企业的处罚也以行政部门的罚款或其他行政处罚为主，这类政策有时也被称为行政规制政策。根据标准设置的依据不同，各国通过立法实施的命令与控制型环境规制主要包括两类政策工具：技术标准和绩效标准。

---

① 王文普. 环境规制的经济效应研究——作用机制与中国实证 [D]. 山东大学博士论文，2012.
② "八大公害事件"是指在世界范围内由于环境污染而造成的八次较大的轰动世界的公害事件，包括比利时马斯河谷烟雾事件、美国宾夕法尼亚多诺拉烟雾事件、美国洛杉矶光化学烟雾事件、伦敦烟雾事件、日本四日市烟雾事件、日本九州爱知米糠油事件、日本熊本水俣病事件、日本富山骨痛病事件。

基于市场激励型环境规制并不规定污染控制水平或技术，而是通过市场信号来引导企业做出行为决策，在企业追求自身利益的过程中实现污染控制目标。由于这类政策的实施能为企业提供经济上的激励，因此也被称为环境规制的经济激励政策（economic incentive policies）。基于市场型环境规制主要包括四类政策工具：环境税费、补贴、押金—返还和可交易许可证。

信息披露型环境规制通过公开企业或产品的相关信息，利用产品市场、资本市场、劳动力市场、立法执行体系以及其他相关利益集团来对污染企业或规制机构施加压力，以达到环境规制目标。以信息披露为特点的环境规制创新主要包括四类政策工具：信息公开计划或项目、自愿环境协议、环境标签和环境认证。

国际环境规制在演变过程中主要呈现出以下几个明显特征：

（1）环境规制政策的成本有效性日益受到世界各国的重视，并导致基于市场型环境规制和以信息披露为特点的创新型环境规制得到更多运用。

（2）基于市场型环境规制和以信息披露为特点的创新型环境规制，其应用范围和具体政策工具的选择都要受一国政治、经济和社会条件的制约，具体来说要考虑企业与环境规制机构的政策偏好、作为环境规制制定与执行基础的政治制度的特点、环境规制机构的规制能力、社会公众对环境保护的态度与参与环境保护的途径、环保技术的发展状况、信息获取成本、环保组织的发展程度、市场机制的完善程度以及经济发展水平等因素。因此，在一国行之有效的环境规制并不能直接应用于其他国家的环境规制实践。

（3）命令—控制型环境规制目前仍是世界各国主要的环境规制工具，在政策制定中成本—收益分析得到普遍应用。

（4）环境规制中的监督与处罚具有和激励同样重要的作用。世界各国在完善对污染企业激励机制的同时，也在对监督处罚机制进行完善。

（5）各类环境规制工具具有多维特性，其差别不仅仅体现在静态与动态效率或成本有效性上，因此仅仅比较其某一方面的特征无法为政策选择提供正确的建议。从世界各国环境规制实践来看，环境规制工具通常是由针对不同环境问题设计的规制政策组成的政策体系。

环境规制的分类、优缺点比较如表 1-1 所示。

表 1-1　　　　　　　环境规制的分类、优缺点比较

类　型	政策工具	优缺点
命令与控制型环境规制	如排放标准、生产过程标准、绩效标准、能源或废弃物消减目标、产品标准等	优点：对应付复杂的生态和技术风险具有一定的优势。缺点：（1）迫使每个厂商承担同样份额的污染控制负担，而不考虑相应的成本差异问题；（2）阻碍污染控制技术的发展，降低企业采用新技术的激励
基于市场激励型环境规制	如排污收费或税、废弃物或能源使用收费或税、产品收费或税、污染排放交易、能源或废弃物削减交易、产品交易等	优点：（1）以较低的成本实现较高的治污效率；（2）对技术革新及扩散存在持续激励。缺点：实施过程可能会遇到许多障碍，如来自利益集团的抵制、来之公众的抵制、复杂的设计和执行程序等
信息披露型环境规制	如环境管理认证与审计，如 ISO14991、EMAS、生态标签、环境协议等	优点：降低政府的监管成本，赋予企业更大的灵活性从而产生更强的技术创新激励。缺点：若无政府强制，自愿环境规制可能流于形式成为欺骗消费者的广告宣传

资料来源：①赵玉民，朱方明，贺立龙. 环境管制的界定、分类和演进研究. 中国人口、资源与环境. 2009（6）；
②金培等. 资源与增长、经济管理出版社，2009：279-280；③北大法律信息网：http://vip.chinalawinfo.com/。

1.3 研究方法和基本框架

1.3.1　研究方法

本书综合运用了环境经济学、技术经济学、统计学、计量经济学等相关学科领域的研究方法，力求能多个层面、多个角度、系统地研究环境规制、技术创新与工业企业绩效问题。

（1）文献分析方法。本书以技术创新为核心，围绕环境规制、技术创新和工业企业绩效两两之间的关系搜集、整理相关文献资料，从而把握目前理论和学术前沿，为本书的分析和模型的构建，提供理论基础和经验。

（2）理论分析与实证检验相结合。本书在借鉴已有研究的基础上，提出了环境规制对企业技术创新的影响机理，环境规制通过引致技术创新，进而间接对企业绩效产生影响的机理以及环境规制对工业企业绩效的影响机理。基于理论分析框架建立了分析环境规制、技术创新和工业企业绩效三者关系的计量模型，运用中国工业行业层面有关环境规制、技术创新和工业企业绩效等数据进行实证检验，把理论分析与实证检验相结合。

（3）计量经济方法和统计描述相结合。本书利用多种计量方法，包括随机效应和固定效应回归方法、差分动态 GMM 方法、倍差分析法（differences-in-differences）等，基于多层次的样本数据（行业数据、省级数据），对模型进行参数估计和假设检验，得出环境规制对各个被解释变量的影响大小、影响方向以及影响程度并对实证检验结果进行分析和解释。此外，本书还采取了比较直观的统计性描述方法。

（4）比较分析法和图表描述法。比较分析方法主要用于实证研究中不同行业特征下，环境规制、技术创新与工业企业绩效三者关系的比较，不同区域范围内不同环境规制工具对工业企业技术创新影响的分析。图表描述法主要用来直观反映不同制造行业在环境规制强度、技术创新以及工业企业绩效指标上的差异。

1.3.2 基本框架

具体而言，全书研究按照如下思路展开：

本书在梳理以往相关文献的基础上，首先构建了环境规制直接影响技术创新，环境规制通过影响技术创新进而间接影响工业企业绩效以及环境规制影响工业企业绩效的作用机理，以中国制造业为研究对象，从行业层面实证检验了环境规制对技术创新的直接间接影响，环境规制通过影响技术创新进而对工业企业绩效产生的间接影响，环境规制对工业企业绩效的影响。其次，探讨了不同环境政策工具对工业企业技术创新的影响。最后，结合环境规制政策在我国的具体实施，提出政府通过制定完善严格而恰当的环境规制政策以激励企业技术创新，进而提高我国工业企业绩效的政策建议。

第1章是绪论。主要说明选题的背景、现实意义与理论价值，简要分析研究的方法、研究框架、技术路线以及可能具有的新意及不足。

第2章是文献综述。围绕本书研究的主题，回顾以往关于环境规制与技术创新、环境规制与工业企业竞争力（绩效）理论与实证研究，并对其进行了简要述评，指出了现有研究存在的不足以及可能的改进方向。

第3章阐述了中国工业行业的整体污染状况，并通过对各行业污染物排放数据进行线性标准化和等权平均的方法，计算出各工业行业污染强度。特别是系统总结回顾了中国环境保护工作的历程和现状、分析了中国环境规制政策工具的实践，最后测算了中国工业行业环境规制实施强度。

第4章是环境规制与工业企业技术创新关系的实证分析。结合环境规制对技术创新的作用机理，通过建立静态和动态面板数据模型，分析了环境规制对工业行业企业技术创新的直接和间接影响，以及考察环境技术创新对非环境技术创新是否具有溢出影响。

第5章是环境规制引致的技术创新与工业企业绩效关系的实证分析。在第4章的研究基础上，结合环境规制通过引致技术创新进而对工业企业绩效产生间接影响的作用机理，分别分析了环境规制引致的技术创新对工业企业经济绩效和环境绩效的影响。

第6章是环境规制与工业企业绩效关系的实证分析。结合环境规制对工业企业绩效的作用机理，分别分析了环境规制对工业企业经济绩效和环境绩效的直接影响。特别是利用2008年中国对《水污染防治法》的修订这样一个自然实验，采用双重倍差法（differences-in-differences）评估了《水污染防治法》的修订对中国工业行业经济绩效的影响。

第7章是基于技术创新激励的环境规制工具选择的实证分析。通过选取中国30个省区市为样本，采用计量经济模型，比较分析了命令—控制型、市场激励型和信息披露型三种环境规制工具对工业技术创新激励效应的差异。

第8章是研究结论与展望。总结全书研究结论，提出中国加强环境规制以增强技术创新能力，进而提高工业企业绩效的政策建议。最后针对全书的研究内容提出了几个有待进一步深入研究的问题。

具体研究思路与技术路线见图1-3。

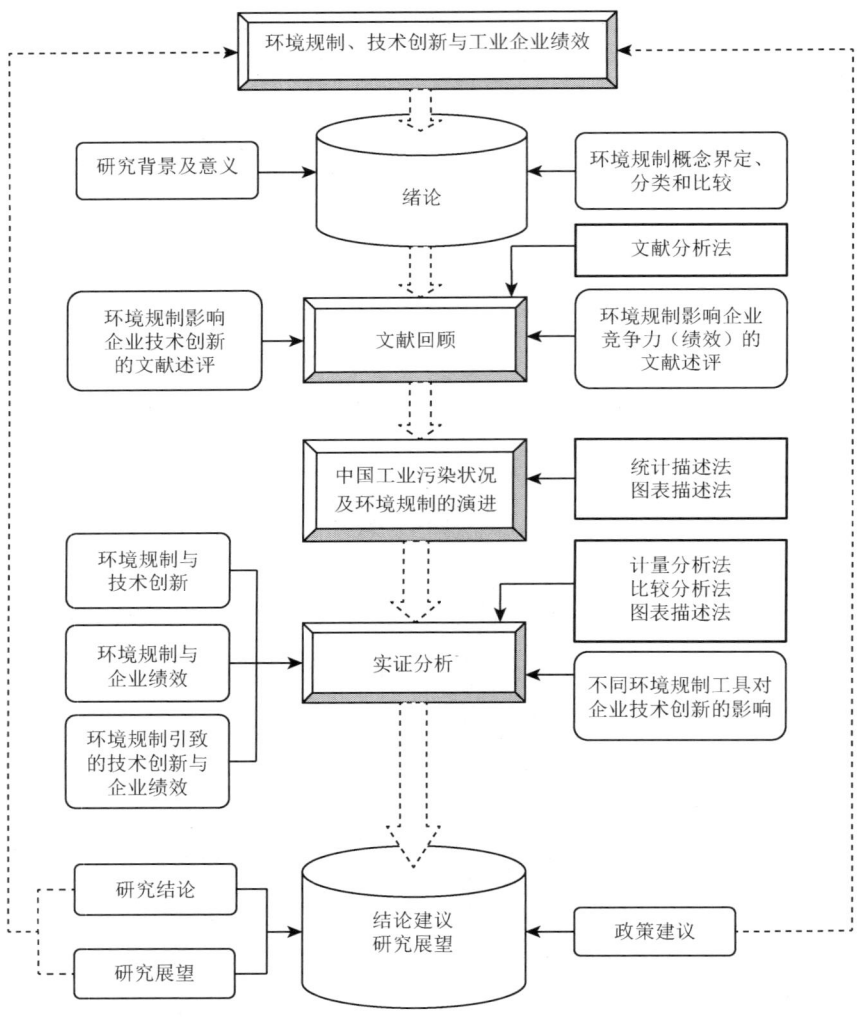

图1-3 研究思路与技术路线图

1.4 本书的创新点与不足之处

1.4.1 创新点

本书深入探讨了环境规制、技术创新和工业企业绩效三者之间的关系，主要的创新之处有：

第一，从研究内容上讲，与以往的研究不同，本书全面系统分析了环境规制、技术创新与工业企业绩效的三者之间的关系。包括：环境规制对工业企业技术创新的直接和间接影响、严格的环境规制引致产生的技术创新对工业企业绩效的间接影响以及环境规制对工业企业绩效的影响。

第二，从分析方法上看，本书在理论分析的基础上，注重对各研究问题的定量分析和实证检验，并根据不同问题的实际需要，运用多种计量方法，包括随机效应和固定效应回归、差分动态 GMM 方法、倍差分析法（differences-in-differences）等，展开相关研究。如本书利用 2008 年中国对《水污染防治法》的修订这样一个自然实验，采用双重倍差法评估了《水污染防治法》（2008）的修订对中国工业行业企业经济绩效的影响。

第三，从研究视角上看，本书将工业企业绩效细分为经济绩效和环境绩效，探讨了环境规制引致的技术创新分别对企业经济绩效和环境绩效的影响以及环境规制对企业经济绩效和环境绩效的直接影响。而国内外大多学者对此问题的分析，主要是从环境效应和经济效应单方面进行分析。

第四，从数据使用上看，本书尝试从不同层次的样本数据中进行实证分析。如分析环境规制对工业企业技术创新的影响时，分别进行了总体情况分析和污染强度视角的分析；分析不同环境规制工具对工业企业技术创新的影响时，分别进行了全国层面的分析和不同区域的比较，有助于为检验"波特假说"在中国是否成立提供更多的经验证据。

1.4.2 不足之处

需要说明的是,本书还存在一些不足之处有待于进一步完善。

第一,环境规制分析不仅涉及环境经济学、公共经济学内容,还涉及政治学、公共管理学等诸多学科,因此,本书的理论分析部分仍需要进一步深入。

第二,对于环境规制强度的测量,无法用一个很准确的变量来度量环境规制的程度,同时由于环境规制变量数据较难获得且数据质量相对较弱,对经验研究造成了一定的困难,本书的环境规制强度的测量指标的选择存在一定程度的不足。同时,企业经济绩效和环境绩效的衡量指标也比较单一,没有建立综合性的企业经济绩效和环境绩效衡量指标。

第三,由于数据获得的困难,本书的研究主要是围绕工业行业层面的数据进行实证研究,而不是从微观层面即企业层面展开环境规制、技术创新与企业绩效三者关系的研究,案例分析的力度相对不足。

第四,本书对中国环境规制的演变历程进行了回顾,并对环境规制工具进行了分类比较,但是对不同环境规制工具对企业技术创新的影响机理和影响差异的分析还不够深入。

第 2 章

国内外研究综述

2.1 国外研究总综述

20世纪70年代的第一个地球日,标志着现代环境保护运动的开始(Jaffe et al.,1995)。在过去的40年里,各国政府在加强环境规制治理工业污染的同时,人们对实施环境规制、治理工业污染可能对经济增长、技术变迁和企业竞争力等带来的影响,也给予了积极关注。国外学者为此进行了大量的理论研究和实证研究。总体来看,国外学者们对环境规制影响技术创新的探讨经常是与环境规制对企业绩效(竞争力)的相关研究交织在一起的,这些研究主要分为四种学术观点。

2.1.1 新古典经济学的传统主义观点——"制约论"

新古典经济学的传统主义者认为,环境规制的目的就是纠正负的外部性,使负的外部性内在化产品的生产成本中去,从而纠正"市场失灵",同时给公司带来额外成本。传统主义者对于环境规制效应的分析往往基于静态标准,即在给定企业的技术、资源配置、消费需求都是固定的情况下,衡量环境管制对企业成本和收益的影响(Cropper and Oates,1992)。在这种静态模型的分析框架下,他们认为,根据企业最优化决策的假设,严格的环境规制将导致企业成本上升,降低其在国内市场和国际市场的占有率,进而损害竞争力。受环境规制影响的公司将会由于较高的生产成本失去市场份额,工业行业将放弃生产污染产品,因而会改变生产组成，并将工厂迁移到环境标准不严格的地方（Jenkins，1998），这在环境成本占整个制造成本比例比制造业平均水平高的行业尤为显著（Luken，1997）；而且，与生产活动相关的附加值相比较，一些行业生产链中的上游运营具有更大的环境影响（和相关的外部和社会成本）（Clift and Wright，2000）；此外，污染治理投资还可能通过挤占生产投资降低产业利润率；最后，环境规制使得生产过程和管理过程发生变化，也可能导致生产效率的降低。

新古典经济学传统主义的实证分析，主要是围绕美国 20 世纪 70～80 年代出现的生产率下降，是否与当时实施的环境规制政策有关。美国在 70 年代初 GDP 的增长率为 3.7%，而 1973～1985 年 GDP 增长率下降了 1.2%，同期发生的事件主要有环境规制和石油价格上涨。人们认为环境规制应当部分或全部对这一问题负责，因此，围绕环境规制对美国经济增长和产业生产率的影响进行了一系列的实证研究。

Dension（1981）考察了美国环境规制政策对生产率的影响，发现 1972～1975 年美国 16% 的生产率下降可归于环境规制。

Gollop 和 Robert（1983）对美国 1973～1979 年的二氧化硫排放限制政策效果进行了分析，发现环境规制的实施，使电力企业转而使用部分低硫煤作为替代能源，导致电力产业生产率增长下降 0.59%。

Gray（1987）研究发现，美国的环境管制使 20 世纪 70 年代制造业生产率的年均增长速度下降了 0.17～0.28 个百分点，占到了同期制造业生产率下降幅度的 12%～19%。

Jorgenson 和 Wilcoxen（1990）分别比较了没有环境规制与实施规制时对美国经济增长的影响，结果表明，环境规制政策使 GNP 下降 2.59%，受影响最大的是石油化工、黑色金属以及纸浆和造纸产业，环境规制对经济绩效的影响最大。

Barbara 和 Mconnell（1990）对美国造纸业、化学制品业、石材、粘土及玻璃制造业、钢铁制造业、有色金属制造业 5 个严重污染产业的情况进行考察，研究结论表明：环境规制的直接影响为负，它将导致企业成本上升、却没有带来企业产出地相应增加；环境规制的间接影响在不同行业间变化很大，有正、负或零三种可能性。总的来看，环境规制对全要素生产率的增长具有负向作用，20 世纪 70 年代这 5 个产业生产率 10%～30% 的下降就是由其导致的。

Gray 和 Shadbegian（1995）利用美国 1979~1990 年 117 家纸浆与造纸企业、101 家石油提炼企业和 51 家炼钢企业的数据，对环境规制措施与全要素生产率之间的关系进行了考察。研究发现：污染治理成本与生产率之间存在显著的负向关系。1 美元减污成本的增加将带来造纸业生产率下降 1.74 美元，石油提炼业生产率下降 1.35 美元，炼钢业生产率下降 3.5 美元。其他环境管制措施，如执法力度、遵守标准的程度及排放强度对生产率的影响在不同行业间差距较大，但它们对生产率的作用方向却是一致的，即规制越多生产率越低。他们的研究表明，提高环境绩效并未给企业带来足以弥补遵循成本的收益。

Brannlund 等（1996）以瑞典 1989 年和 1990 年 41 个纸浆与造纸企业为样本，采用规制与否的非参数 DEA 模型测算和比较了企业的利润变动，研究表明，在盛行的行政命令式环境规制下，一部分企业的利润不会受到影响；然而另一部分企业的利润将显著地下降。这说明严格的环境规制会导致企业的境况变坏。

Levinsohn 和 Petrin（2003）针对美国造纸业的数据分析发现，虽然美国造纸业的污染控制成本很高，但是造纸业的生产率却长期处于一个低水平上，意味着严格的环境规制降低了美国造纸业的生产率。

这一时期的理论研究，大多从新古典经济学静态的观点出发，认为环境规制必然导致产业绩效下降，实证分析结果也部分证明了这一观点。

2.1.2 "波特假说"的修正主义观点——"双赢论"

大约 20 年以前，上述关于环境规制的传统范式受到了一些经济学家的挑战，其中以波特和其合作者范德林德最为著名。波特等认为，环境规制必然与企业绩效和竞争力存在冲突的观点，是从静态的观点出发。通过采取案例研究，他们认为污染通常是资源浪费现象，污染的减少可以促进生产率的提高，资源能得到充分利用。从动态观点看，由于企业并不总是能作出最优的决策，他们提出，更加严格但设计恰当的环境规制（特别是基于市场的环境政策如税收、污染排放许可）能激励创新（技术或工艺创新）并能部分甚至完全抵消遵循环境规制的成本，从而使产业达到经济绩效和环境绩效同时改进的"双赢"状态，并在国际市场上获得"先动优势"(Esty and Porter, 2002),使企业国际竞争力得到提升(Porter and van der Linde, 1995),这被称为"波特假说"。

实际上波特并不是第一个对主流经济学关于环境规制成本的观点提出质疑的学者。环境规制能促进污染物减少的观点最早可以追溯到19世纪初(Desrocher and Haight, 2012)。著名经济学家 Hicks 早在1932年就有过相似的论述。直到20世纪80年代,就一些学者开始研究环境规制在没有损害竞争力的情况下是否能提升企业技术创新能力(Ashford, 1993)。不过,只有波特通过理论分析和案例研究,首次系统阐述了环境保护和经济增长之间存在"双赢"(win-win)结果的可能性,环境规制能否激励企业创新的问题才受到主流工商业和政策研究的广泛关注,"波特假说"遂成为20年来研究的热点。

波特认为,设计恰当的环境规制能带来创新抵消作用,也就是创新不仅能提高环境绩效,也能部分甚至全部抵消遵循环境规制的成本,从而为本国企业建立起市场竞争优势,理由包括:①环境规制会使企业认识到资源利用缺乏效率并指明了可能的技术改进方向。②集中于信息收集的环境规制可以通过提高企业环保意识而受益。③环境规制可以降低对环境有价值的投资的不确定性。④环境规制可以给企业带来不断创新和进步的压力。⑤环境规制可以改变传统的竞争环境。也就是说环境规制能确保一个公司不依靠规避环境投资而获得竞争优势。

图 2-1 总结了"波特假说"中包含的主要因果链条。正如波特和范德林德所描述的,设计良好的环境规制带来的"创新补偿"效应不仅能提高环境绩效,而且能部分——甚至有时候能完全抵消环境规制带来的附加成本,最终也能提高企业的经济绩效。

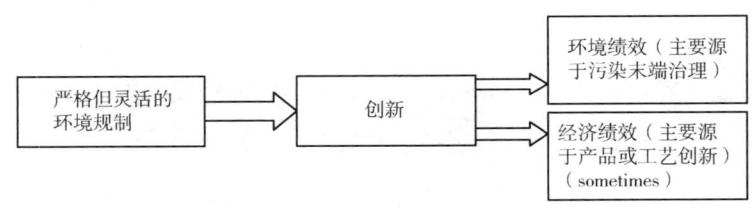

图 2-1 "波特假说"因果链条

为了从理论和经验上检验波特假设，一些学者对"波特假说"进行了进一步细分。Jaffe 和 Plamer（1997）将波特假设区分为强"波特假设"、弱"波特假设"和狭义"波特假设"（见图 2-2）。首先，设计良好的环境规制也许能刺激创新。由于不能表明创新对于公司是好还是坏，这常常被称作弱"波特假说"。其次，在多数情况下，环境规制不仅仅能抵消遵循成本——换句话说，环境规制能提高企业的竞争力（绩效），这常常被称作强"波特假说"。最后，狭义"波特假说"认为，灵活的规制政策尤其是经济手段更能刺激公司进行创新，比传统的规制形式更加有效。

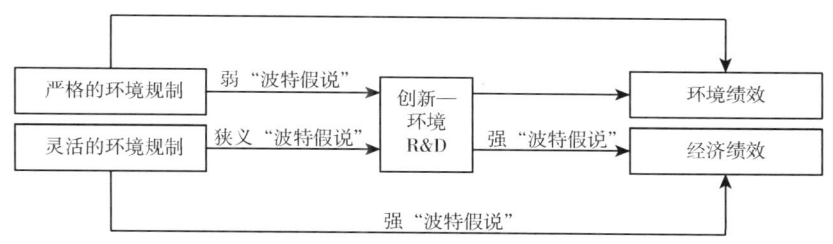

图 2-2　强、弱和狭义"波特假说"图示

由于波特主要是以大量案例分析来证实其假设的，因而缺乏明确的理论建构，"波特假说"提出后，新古典经济学家对该假说的前提、主要内容和理论的普适性等提出了广泛质疑，质疑主要体现在以下几个方面：

一是质疑"波特假说"的适用性："波特假说"是个别现象，还是一般规律？Palmer 等（1995）认为，波特及其支持者采用大量的案例分析来证实其假设，研究结论具有较高的推测性和较大的偶然性。"波特假说"在某些特殊情况可能适用，但不能期望其在一般情况下都会有效，因此还需要更加全面、系统的分析。

二是质疑"波特假说"的核心思想：天下是否有免费的午餐？Jaffe 等（1995）、Palmer 等（1995）、Simpson 和 Bradford（1996）指出，企业作为完全理性的"经济人"个体，总会去追求利润最大化的各种决策，如果"波特"假说成立，即企业从事工业污染的治理成本不仅可以通过技术创新进行弥补，而且还有净利润产生，那么企业完全没有必要放弃实现利润最大化的机会，而非得借助政府的规制措施。所以环境规制固然可以将外部成本内部化，提高社会福利，但也必定会增加企业的私人成本，降低其生产率，因为"天下没有免费的午餐"。

三是对"波特"假说主要内容的疑问：①企业决策的非最优化？Jaffe 等（1995）认为，企业虽然并不是永远处于他们的效率边界上，或者说永远都是决策最优化，在现实经济世界中，企业忽略某种潜在的市场机会是难以避免的，但这并不代表企业存在普遍的非效率；②必须通过环境规制才能刺激创新吗？Simpson 和 Bradford（1996）提出疑问，如果必须由环境管制来刺激创新，再通过创新的补偿效应来抵偿投入成本增加的损失，企业为何不直接去从事产品生产与生产工艺过程的研发活动，而非得通过如此耗费成本的环境规制措施？

新凯恩斯主义者则从行为学说、"市场失灵"（市场力量、不对称信息、研发溢出）和"组织失灵"角度进一步发展了"波特假说"的理论基础。

（1）行为学说。

行为学说认为，现实的企业行为由企业经理控制的，而企业经理有自身的目的和目标，而不是公司利润最大化。特别是，企业经理可能是风险规避的（Kennedy，1994），拒绝任何高成本的变化（Aghion，Dewatripont and Rey，1997；Ambec and Barla，2007），或者是有限理性的（做决定时受到信息和认知能力的局限）（Gabel and Sinclair-Desgagne，1998）。因此，企业经理可能会错过好的投资机会（从公司利润角度来讲），如果投资机会具有风险、较高成本（对于经理而不是公司而言）和非常规性等特点。Ambec 和 Barla（2006）指出，企业经理的现期偏好（present-biased）将会使其延迟企业的创新投资，因为创新投资虽然能增加企业的未来收益，但却不能增加企业的当期收益。此时，环境规制将有助于克服企业经理的"自我控制"（self-control）问题，激励企业经理进行创新投资。因此，这类文献基于规制能使企业经理采取有利于企业利润最大化的行为证实了"双赢"（win-win）机会的存在。

（2）"市场失灵"。

一些学者通过假定存在"市场失灵"来对"波特假说"和企业利润最大化进行协调。不同于以前的研究，"市场失灵"派认为，公司是以寻求利润最大化为目的的，但是，"市场失灵"的存在使公司不能充分实现潜在利润，而这可以通过管制来部分克服。

第一种"市场失灵"假设是市场力量。Simpson 和 Bradfor（1996）认为，当企业之间存在不完全竞争时,政府可以通过实行更严格的环境规制为本国产业提供战略优势。一个企业或者国家如果在绿色发展方面早于竞争者,就能享有先行者优势(Lieberman and Montgomery,1988)。国家能采用严格的环境规制作为增加国内企业市场份额的战略工具。Rege(2000)考察了国家在确保对环境友好型产品有需求的消费者能购买该类产品而不是非绿色产品中的监督和管制作用。Mohr 和 Saha(2008)认为,当存在进入壁垒时,环境规制通过创造"稀缺租金"使已有企业受益。也就是说,公司通过减少生产以应对污染排放限制和费用征收时,产品价格将会提高。例如,实行污染排放许可将使进入产业的新企业付出比现有企业更高的成本,从而减少了企业间的竞争强度。Andre、Gonzalez 和 Portiero(2009)提出,在具有差异化产品的非不完全竞争情况下,解决了协调性问题的环境产品质量标准可能会让所有企业受益(例如,允许他们达成一个帕累托改进平衡)。

市场的不对称信息是第二种"市场失灵"。正如 Ambec 和 Barla(2007)所强调的,环境质量的不对称信息能创造一个柠檬市场(market-for-lemon),在柠檬市场中,企业之间的激烈竞争造成企业仅供应 brown 产品(如不清洁产品)。而诸如绿色标签等环境规制形式通过揭示企业提供的产品具有高环境质量的信息能给企业带来收益。这类环境规制通过产品垂直差异化也能使专业生产不清洁产品的企业获益,从而减少企业间的竞争。Constantatos 和 Hermann(2011)指出,企业生产绿色产品的投资与消费者观察到产品的环境质量之间的时间滞后会减少生产绿色产品的利润。所以要求企业生产绿色产品的环境规制能帮助企业实现帕累托提高平衡,并能消除先行者投资环境创新的不足。Mohr 和 Saha(2008)认为消费者购买产品的意愿随着整个产业而不是个别企业的环境绩效增长。由于产业的限制性进入,通过减少污染提升价格对于产业中的所有企业是有益的。

知识的公共产品属性是可以对"波特假说"提供支持的另一种"市场失灵"。Mohr(2002)建立了动态的研发投资的技术溢出模型。在每一个时期,企业学习由竞争者实施的新技术。当公司研发投资的回报被竞争者部分获取时,公司会减少清洁和更加高效生产技术投资的积极性。因此,环境规制能使产业由低 R&D 投资的平衡转变为高 R&D 投资的帕累托改进均衡。Greaker(2003)也将技术作为一种"市场失灵",从而为"波特假说"提供了理论支持。

(3)"组织失灵"。

有些学者运用"组织失灵"概念来对"波特假说"和企业利润最大化假定进行协调。这类文献认为环境规制能克服组织惰性,正式确立了"波特假说"的理论基础。Ambec 和 Barla(2002)发现企业中关于技术的信息不对称给"波特假说"提供了支持。他们指出,企业经理具有提高生产率和环境质量的相关技术的私人信息,因此,企业经理将会凭借信息优势从企业的创新投资中抽取租金。但是政府的环境管制将会降低企业经理的租金抽取规模,进而能降低企业技术创新的组织成本,从而增加企业的利润(例如,通过克服企业经理的一些信息优势)。另外,Ziesemer(2014)从企业资源基础理论意义上创新性地发展出了"波特假说"的知识基础论,提出,在环境规制的外在压力下,企业为应对环境规制而积累产生的知识资本是企业获得可持续竞争优势最重要的资产。

"波特假说"不仅引起了理论上的争议,也引起了大量的相关实证分析。实证分析主要从三个方向上进行,一是考察环境规制政策能否促进技术创新(弱"波特假设");二是考察环境规制政策能否提高企业(产业)绩效,提升企业(产业)竞争力(强"波特假设");三是考察环境规制政策能否提高国家(层面)竞争力(强"波特假设")。

①弱"波特假说"的实证研究。

关于弱"波特假说"——设计恰当的环境规制可以刺激创新,已有大量的研究文献,这些文献都基本得出环境规制与创新之间存在正向关系的结论,尽管认为两者联系的强度不同。

Lanjouw 和 Mody(1996)提供了环境规制影响技术创新的第一个经验证据,他们考察了美国、日本和德国 20 世纪七八十年代环境规制与环境技术的发明和扩散关系,研究结果显示,污染治理支出与环境专利数量呈现正相关关系,环境专利数量随着污染治理支出的增加而增长,但环境规制的技术创新效应有 1~2 年的滞后期。

Jaffe 和 Palmer(1997)使用美国制造业 1975~1991 年的有关数据,考察了环境规制对 R&D 支出和专利申请数量的影响。结果显示,污染治理成本与 R&D

支出存在显著的正相关关系，但是污染治理成本与专利申请数量关系不显著。

Brunnermeier 和 Cohen（2003）运用面板数据，实证分析了美国 146 个制造业 1983~1992 年环境规制与产业技术创新之间的关系。结果表明，污染治理成本与环境专利间存在较小但统计显著的正相关关系。

Popp（2006）考察了大气污染控制设备与创新的关系。通过使用美国、日本和德国的专利数据，发现总的来说创新确实能对母国的环境规制压力产生反应。美国较早采用严格的 SO_2 标准之后，专利数量不久便显著增加。日本、德国在实行严格氮氧化物（NO_X）规制后也发现了相似的趋势。但是，与 Lanjouw 和 Mody（1996）不同的是，投资者并未发现对国外环境规制产生反应。

Arimura 等（2007）、Frondel 等（2007）、Lanoie 等（2011）在调查 7 个 OECD 国家公司层面的数据集后，采用微观计量经济学方法分析严格的环境规制对环境研发绩效的影响。他们的实证结果表明严格的环境规制（通过公司政策严格性的感知、环境会计系统、灵活的环境工具来衡量）能激励环境研发（R&D）。同样采用 OECD 国家的面板数据，Johnstone 等（2010）发现不同环境政策（电网回购政策，可再生能源信用）的引入对可持续能源技术专利有积极的影响。并发现环境规制的稳定性和灵活性对创新有显著影响（与环境规制严格程度造成的影响区分开来的影响）。

Horbach（2008）使用德国企业层面的数据对环保创新的决定因素进行了实证分析，研究表明环境规制、环境管理工具与组织的变革及改善对环保创新都有明显的促进作用。

Carrion – Flores 和 Innes（2010）分析了环境创新和污染排放（衡量政策严格程度）的双向因果关系。通过美国 1989~2004 年 127 个制造行业的数据，他们发现环境规制对环境创新的影响要大于 Brunner Meier 和 Cohen（2003）的发现，并且统计上显著。但是引致创新对长期减排的贡献比例很小。

Kneller 和 Manderson（2012）使用英国 2000~2006 年制造业数据考察了环境规制与技术创新之间的关系。研究结果表明，更大的污染减排压力会促进企业进行环境研发和环境资本投资。

但是关于环境规制与企业技术选择的两者关系，较早两篇文献强调环境规制与企业资产投资之间是负相关关系。Nelson，Tietenberg 和 Donihue（1993）发现空气污染规制显著增加了美国 20 世纪 70 年代电力设备资产的年限。而且依据 Gray 和 Shdbegian（1998），更严格的大气和水污染规制对于美国造纸业的技术选择有显著的影响。但是，环境规制倾向于将投资从生产向污染减排转移，这与传统经济学的环境规制是成本高昂的观点相一致。

目前已有较多的文献考察了环境规制（通常以环境遵循成本衡量）与技术创新（以专利或者 R&D 支出衡量）的关系。这些研究都得出环境规制与技术创新两者正向关系的结论，尽管联系强度有所不同。

②强"波特假说"的实证研究。

对于强"波特假说"，现有研究结论不尽统一。强"波特假说"评估环境规制对企业经济绩效的影响。学者们对强"波特假说"进行检验时，主要是通过企业生产率来度量企业经济绩效，然而对于企业经济绩效的变化是由创新造成，还是由其他因素，并没有进行深入的区分。实际上，企业经济绩效受制于很多因素，包括需求因素、要素禀赋、相关和支持产业、竞争对手和创新环境（教育、技术、知识产权保护等）。

环境规制对企业经济绩效的影响是经济学文献传统的研究领域。Jaffe 等（1995）对这些研究进行了系统回顾。多数学者认为，环境规制对生产率具有负面影响。Gray（1987）研究发现，美国的环境管制使 20 世纪 70 年代制造业生产率的年均增长速度下降了 0.17~0.28 个百分点，占到了同期制造业生产率下降幅度的 12%~19%。其他针对细分的具体行业（例如，造纸、化工、金属采掘、电力、造纸、石油、钢铁等行业）的研究也得到了类似的发现（例如，Gollop and Robert，1983；Barbera and Mcconnel，1990；Gray and Shadbegian，1995）。

但是，近年来，更多的研究发现了积极的影响。例如，Berman 和 Bui（2001）对以排污费或治污设备投资来衡量环境规制的处理方式提出了质疑。它们以美国的石油冶炼行业为例，发现洛杉矶实行的更加严格的空气质量管制，使当地石油冶炼业的生产率增速远远高于美国其他地区的石油冶炼业。尽管严格的环境规制增加了洛杉矶石油冶炼业的污染控制投资，但污染控制投资则显著地提高了生产率。其他文献采用墨西哥近海石油和天然气开采数据（Managi et al.，2005）、墨西哥食品加工业（Alpay，Buccola and Kervliet，2002）、日本的制造业数据（Hamamoto et al.，2006）、加拿大魁北克的制造业数据（Lanoie et al.，2008）的研究也发现了环境规制提高生产率的证据。

一些学者验证了环境规制对财务绩效的影响。Brannlund、Fare 和 Grosskopf（1995）利用瑞典的纸浆和造纸工业的部分模拟数据用非参数、线性规划方法研究了环境规制对利润的影响。他们用允许排放污染的绝对数额来衡量监管，最后得出样本中的大多数公司不受环境管制的影响，甚至有一些公司出现低的利润。而 King 和 Lennox（2002）使用 1991～1996 年美国制造业的数据发现了环境规制与财务绩效（其替代变量为托宾 Q 和 ROA）正相关。Damall 等（2007）的研究结果表明严格的环境政策对企业的经营绩效产生了负面影响。Rassier 等（2011）使用化工制造业的面板数据验证了环境规制对企业短期和长期财务绩效的影响。研究结果发现，"清洁水法"监管在短期和长期内都会提高企业的财务绩效，同时对长期财务绩效的影响更加显著。

国外有关环境规制对企业经济绩效影响的理论研究和实证分析表明，环境规制对企业经济绩效具有不确定的影响。之所以出现不同的结果，原因在于，环境规制对企业经济绩效的影响受制于很多因素，包括需求因素、要素禀赋、相关和支持产业、竞争对手和创新环境（教育、技术、知识产权保护等）。环境规制对企业经济绩效的最终影响，是这些影响因素综合作用的结果。

③弱"波特假说"和强"波特假说"的综合考察。

目前将强"波特假说"和弱"波特假说"结合的研究较少。Hamamoto（2006）考察了环境规制引致的研发投入（R&D）间接生产率的增强效应。Lanoie 等（2011）首先同时检验了强"波特假说"和弱"波特假说"，并评估了"波特假说"的因果关系。他们利用来源于 OECD 组织中 7 个工业化国家超过 4000 家公司的调查数据构造了三个方程进行回归分析，三个自变量为环境创新、环境绩效和经济绩效。结果显示，环境规制与环境创新两者之间存在显著正相关关系，与弱"波特假说"相一致。而且，由第一个回归模型预测出的环境创新对企业经济绩效有积极显著的作用。这为强"波特假说"的因果关系提供了证据——环境规制激励创新，进而提升经济绩效。但是，他们也发现环境规制对企业经济绩效有直接的负面效应。最后得出环境规制的净效应是负的结论——即环境规制引起的创新对经济绩效的间接积极效应小于环境规制对经济绩效的直接负面效应。这一研究结果表明，企业环境规制的直接遵循成本的确很高。Yang 等（2012）利用中国台湾 1997～2003 年产业层面的数据，实证结果表明环境规制（污染减排费用）与产业 R&D 支出积极联系，而且进一步发现环境规制引致的 R&D 支出对生产率有显著促进作用。Van Leeuwen 和 Mohnen（2013）通过对荷兰的绿色创新进行实证分析以重新考察波特假说，他们的分析结果进一步证实了弱"波特假说"，但没有证实强"波特假说"。

2.1.3 综合论的观点

当市场条件改变，被规制企业与政府之间博弈条件或策略改变、企业创新环境、生命周期等影响企业的因素改变，环境规制机制或体制不同等，都可能使环境规制与企业竞争力在双赢与制约之间转化（张红凤等，2012）。正如 Jaffe 等（1995）指出的那样，"正如我们只发现较少的证据支持'波特'假说一样，同样只有很少或没有证据证实反对环境规制会刺激创新、提高竞争力的假说，更多的是介于两种极端的观点之间。"因此，只有综合分析包括环境规制在内的影响因素对企业竞争力的作用，才能对于环境规制对企业竞争力的影响结果作出准确的解释。

Sinclair-Desgagne（1999）认为"波特"假说从理论层面上说是存在的，除非坚持非常"狭隘"的新古典经济学观点。他把企业技术创新的类型分为渐进性创新、降低风险创新、突破性创新三种，"波特"假说能否成立，取决于企业追求哪种类型的技术创新。在实证研究方面，Conrad 和 Wast（1995）、Boyd 和 McClelland（1999）、Alpay 等（2002）、Lanoie 等（2008）、Majumdar 和 Marcus（1999）等分别从不同国别、不同产业以及不同的环境规制工具出发，探讨了环境规制对生产率影响的差异性。这也为综合论提供了经验证据的支撑。

2.1.4 "资源基础理论"的观点

资源基础理论来源于学者对公司产业组织理论的"结构—导向—绩效（SCP）"范式的质疑，依据该理论，企业的成功/失败完全由它的外部环境决定。资源基础理论在理论上对竞争优势进行了解释，认为企业竞争优势是有价值的组织能力如持续创新、组织学习和利益整合的发展以及积极主动的环境战略共同作用结果。资源基础理论研究将与环境战略、环境绩效相联系的组织资源和能力进行了剖析（Fouts and Russo，1997；Marcus and Nichols，1999）。例如，Christmann（2000）表明，当一个企业实施环境管理"最佳实践"时，互补的工艺流程能力有助于促进成本优势。资源基础理论的基本思想是把企业看成是资源的集合体将目标集中在资源的特性和战略要素市场上，并以此来解释企业的可持续的优势和相互间的差异。

资源基础理论背离了波特的方法，扩大了公司可以依赖的资源类型。该理论进一步优化完善了对环境政策如何影响经济绩效的分析，至少有两点原因：第一是强烈关注于将绩效作为关键结果变量；第二是认识到无形资产如技能诀窍（Teece，1980）、企业文化（Bareny，1986）和声誉（Hall，1992）的重要性。

资源基础理论在对环境政策和战略评估中的早期应用主要集中于分析企业的内部动力（Porter，1991；Shrivastava，1995）。近年来，Aragon-Correa 和 Sharma（2003）整合了关于不确定性、动态能力和企业资源观的文献的观点，在此基础上提出了一个企业的一般竞争环境维度怎样影响管理企业自然环境界面的一个动态的、积极主动的企业战略的发展。

资源基础理论的实证研究方面，Fouts 和 Russo（1997）研究发现，随着环境绩效的回报在高增长行业越高，环境绩效与经济绩效两者存在积极联系，并且行业增长调节了这一联系。他们的发现表明，"绿色环保必有回报"，这一效应会由于行业增长而得到增强。总之，将负的环境溢出进行内部化的相同政策能通过同时产生更大积极的由企业内部和私人积累的组织溢出而提供回报（Rugman and Verbeke，1998）。

2.2 国内研究综述

对于环境规制是否刺激了中国企业的技术创新能力、提升企业绩效并使它们变得更有竞争力？目前国内的相关研究起步相对较晚，相关文献较少，并且主要采取调查法、案例剖析以及逻辑推导的规范研究手段展开论述。总的来看，关于环境规制对技术创新影响研究的结论，多数文献是支持"波特假说"的；而在环境规制对企业绩效（竞争力）影响的研究得到的结论，对"波特假说"的支持与否是不确定的，既有正的影响，也有负的影响。

2.2.1 环境规制对企业技术创新的影响

国内学者关于环境规制对企业技术创新的影响的研究主要从企业、行业和区域层面进行。

在企业层面，注重通过案例调研考察具体的环境规制政策对企业技术创新的实际影响，大多发现环境规制能激励企业的技术创新。许庆瑞（1995）通过对江浙50余家企业环境政策进行调研，发现严格执法的环境政策是企业环境技术创新最重要的外部推动力。为此，作者提出要建立健全环境技术创新激励系统，增强企业环境技术创新动力。环境技术创新的激励系统可分为三个层次：核心是政府的强制规制，对企业环境技术创新的作用是直接的；中间层次是一些经济刺激手段，它通过市场起作用；而外层是环境教育、产业政策和技术政策，它对企业技术创新的影响虽是间接的但影响是深远的。

黄德春和刘志彪（2006）在 Robert 模型中引入技术系数考察环境治理与生产效率的关系，研究发现，环境规制政策在提高企业成本费用的同时也一定程度上激励了技术创新。作者还结合海尔的案例进行了实证分析，海尔通过自主创新，实现了从遵守标准到制定标准，其产品成功进入欧美市场。

黄平和胡日东（2010）对环境规制政策与造纸及纸制品企业的技术创新关系进行实证研究，结果显示环境规制政策与技术创新之间呈现相互协调的促进关系。

廖中举和程华（2014）基于对225家浙江省制造型企业的调查，借助多元回归分析方法，探讨了环境政策、企业背景特征及两者的交互项对企业环境创新水平的影响。结果发现：环境政策强度、灵活度对企业环境产品创新、环境工艺创新均具有显著的正向促进作用。

在行业层面，国内学者主要关注环境规制对中国工业37个细分行业技术创新的行业异质性影响。白雪洁（2009）考察了环境规制程度与中国火电行业效率的关系，结果表明，环境规制提高了中国火电行业的效率水平，但并非适用所有地区。

李勃昕、韩先锋和宋文飞（2013）采用超越对数型随机前沿模型，在考虑企业规模、所有制结构等因素的情况下，实证分析了2004~2010年环境规制强度对中国工业行业R&D创新效率的影响及其行业差异。发现我国工业行业R&D创新效率存在显著的行业异质性。

李阳等（2014）基于价值链视角，将中国工业行业的技术创新过程分解为技术开发和技术转化两个阶段，在构建环境规制对两阶段技术创新能力影响的理论框架基础上，利用2004~2011年中国工业37个细分行业的面板数据，通过面板协整检验和误差修正模型，实证考察了环境规制对技术创新能力影响的异质性效应。研究发现：（1）环境规制对技术创新能力具有显著的长短期促进效应，但存在明显的行业异质性；（2）环境规制对技术转化能力的长期促进效应大于技术开发能力，但不同行业的阶段异质性效应明显；（3）环境规制对技术创新能力的长期均衡具有显著的短期修正效应，技术创新能力向均衡状态的调整速度存在明显的行业异质性；（4）部分行业环境规制对技术创新能力的促进效应出现了长短期不一致的情况。

在区域层面，国内学者注重对环境规制对区域技术创新能力的影响进行比较研究，且大多采用R&D投入和专利申请（授权数）作为技术创新能力的代理指标，发现环境规制总体上能提高我国技术创新能力，但具有明显的区域差异性。

赵红（2008）研究发现，在中长期下，环境规制政策对我国企业技术创新有一定的刺激效应，环境规制政策对滞后1或滞后2期的专利授权数量和R&D投入强度有显著促进作用。

李强和聂锐（2009）利用中国省级面板数据对环境规制与技术创新的关系进行实证研究。研究结果显示，环境规制政策对核心创新指标产生了显著的正向效应。

许冬兰和董博（2009）分析了1996~2005年我国受环境规制影响的技术效率变化和生产力损失。研究结果表明，环境规制提高了我国区域技术效率。

江珂和卢现祥（2011）利用中国1997~2007年29个省（直辖市、自治区）的面板数据实证分析了环境规制对中国三类技术创新能力的影响，结果表明，环境规制对我国技术创新没有显著的正影响。环境规制必须要与一定的人力资本相结合才对技术创新有一定的推动作用，其中，对东部、中部技术创新能力的提升有显著的促进作用、对西部区域几乎没有影响。

王国印（2011）对我国中东部地区1999~2007年有关面板数据的实证分析表明，"波特假说"在较落后的中部地区得不到支持，而在较发达的东部地区则得到了很好的支持。

沈能和刘凤朝（2012）利用我国1992~2009年的面板数据分别从全国与地区层面判断我国环境规制政策和技术创新的关系，进而利用非线性门槛面板模型实证研究我国环境规制政策和技术创新的"门槛效应"。

2.2.2 环境规制对企业绩效的影响

国内学者对环境规制对企业经济绩效的影响进行了大量的研究，并且也主要通过企业生产率来度量企业经济绩效。

多数文献考虑到区域差异性，将考察样本分成东、中、西部三个区域来检验环境规制对于企业生产率或生产技术进步的影响。

涂正革和肖耿（2009）采用中国30个省区市1998~2005年的工业数据的研究发现，环境全要素生产率已成为中国工业高增长、污染减少的核心动力，环境规制对中国工业增长尚未起到实质性抑制作用。

吴军等（2010）将环境因素纳入TFP的测算框架，测算了2000~2007年中国三大区域的 TFP、生产效率与技术进步指数，研究表明：在控制 SO_2 和 COD 排放后，全国 TFP 增长率不到传统 TFP 增长率的 1/3；环境控制下 TFP 增长由高到低依次为西、东、中部；未考虑环境因素时为东、中、西部。

王兵和王丽（2010）的研究表明，环境约束下东部工业全要素生产率最高，西部次之，中部最低；人均 GDP、FDI、工业结构、能源结构、人口密度对技术效率和全要素生产率有不同程度的影响。

张中元和赵国庆（2012）利用中国 30 个省区市 2000～2009 年的数据考查 FDI 技术溢出效应、环境规制强度对工业技术进步的影响，同时估算了环境规制强度对 FDI 溢出效应的工业技术进步边际效应的影响，结果发现 FDI 溢出效应阻碍了各地区工业技术的进步，加强环境规制有利于各地区工业技术进步，而且环境规制对促进 FDI 溢出的边际效应存在显著影响。

贾瑞跃、魏玖长和赵定涛（2013）运用基于 DEA 的 Malmquist 生产率指数方法，测算了 2003～2010 年中国各省区市的生产技术进步指数，并通过回归分析实证检验了环境规制对生产技术进步的影响，特别是检验了不同环境规制工具对生产技术进步的影响，以期优化规制工具组合，提高环境规制效率。

一些文献更多关注于中国 37 个工业二位数行业或者某些特定行业或领域上。

陈诗一（2010）针对中国工业 37 个二位数行业数据的研究发现，中国自改革开放以来实行的一系列节能减排政策有效地推动了工业绿色生产率的持续改善，初步彰显环境政策的绿色革命成效。

夏大慰（2011）基于 2003～2009 年省级面板数据的实证分析表明，短期内环境规制程度越弱，二氧化硫排放量越高，发电行业效率越高；而在长期内，环境规制程度越强，发电行业效率越高。

沈能（2012）采用中国工业二位数行业数据的研究发现，以污染治理成本衡量的环境管制在短期降低了污染密集型行业的生产率，但在长期来说却提高了生产率。

彭可茂等（2012）通过综合指数法衡量分部门分地区的农业环境规制水平，并考察了各地区的农业环境规制水平对主要农业部门投资强度的影响程度。结果表明，环境规制强度水平与各地区饲养业及种植业的单位产品投资率之间存在显著的负向关系。

涂红星和肖序（2013）以中国6大水污染密集型行业上市公司作为研究对象，实证分析了环境管制对公司绩效的影响。研究结果发现，环境管制并没有降低水污染密集型行业的经济绩效，除电力热力生产和供应业外，环境管制对其他5大行业的经济绩效都具有显著促进作用；环境管制对国有控股企业绩效的影响高于非国有控股企业，中西部地区企业高于东部地区企业。

徐敏燕和左和平（2013）基于不同行业具有不同环境污染强度的事实，对20个制造业进行分类，分别研究了重度、中度以及轻度污染产业的环境规制与产业集聚、产业竞争力（以工业总产值增长率来衡量）之间的关系，研究发现，环境规制对产业竞争力的影响，是环境规制的创新效应和产业集聚效应综合作用的结果；重度污染产业的环境规制，刺激了创新的产生，但削弱了产业集聚效应，并且创新效应难以抵消产业集聚下降给竞争力造成的损失；中度污染产业的环境规制创新效应不显著，但由于产业集聚效应的增强，提高了该类产业的竞争力；轻度污染产业的环境规制创新效应和产业集聚效应都不显著，因此对产业竞争力的影响也不显著。但考虑内生环境规制的影响时，"波特假说"成立。创新驱动结合产业集聚效应，才能达到环境质量和经济发展的双赢。

李斌、彭星和欧阳铭珂（2013）基于2001~2010年中国36个工业行业的投入产出数据，发现环境规制可以通过作用于绿色全要素生产率而影响中国工业发展方式的转变，但却存在环境规制强度的"门槛效应"。当环境规制强度低于门槛值1.999时，环境规制对工业发展方式转变的促进作用并不显著，而当环境规制强度介于门槛值1.999和3.645之间时，逐步加大环境规制力度会有利于促进工业发展方式的转变，当环境规制强度越过门槛值3.645时，加强环境规制会对工业发展方式的转变产生负面作用。尽管如此，环境规制还必须同时跨越科技创新水平门槛和所有制结构门槛才能真正促进中国工业发展方式的转变。

从研究结论上看，一些文献强调环境规制与行业（地区）生产效率之间不仅仅存在单调关系。傅京燕和李丽莎（2010）使用1996~2004年我国24个制造业的面板数据并通过构造综合反映我国实际情况的产业环境规制指标和产业污染密度指标，对环境规制效应、要素禀赋效应与产业国际竞争力的作用机制进行了分析。研究发现环境规制、物质资本和人力资本指标均对比较优势产生负面影响，且环境规制的二次项与比较优势正相关，表明环境规制对比较优势的影响呈"U"型。

张成和陆肠等（2011）通过构筑数理模型证明环境规制与生产技术进步之间存在"U"型关系，采用1998~2007年的省级面板数据实证检验表明东、中部地区环境规制与技术进步率之间确实呈现"U"型关系，但在西部地区这种关系尚不明确。

李玲和陶锋（2012）将制造业分为重度、中度和轻度污染产业，测算了1999~2009年三大类产业的绿色全要素生产率，并利用面板模型检验了环境规制强度与绿色全要素生产率的关系。研究结果证实：在重度污染产业中，环境规制强度与绿色TFP、技术进步与技术效率的关系符合倒"U"型；而在中、轻度污染产业中，环境规制强度与三者之间呈现"U"型关系。

王杰和刘斌（2014）在建立环境规制与企业全要素生产率关系数理模型的基础上，以1998~2011年中国工业企业数据为样本，计量检验了环境规制对企业全要素生产率的影响。研究结论显示：①环境规制与企业全要素生产率之间符合倒"N"型关系，即当环境规制强度较弱时，企业环境成本较低，技术创新的动机不够，全要素生产率会降低；当环境规制提高到能够促进企业技术创新时，只要环境规制处于合理的范围内，就会促进企业全要素生产率的提高；但当环境规制强度超过了企业所能承受的负担，全要素生产率会下降。②将中国36个工业行业部门划分为重度污染行业、中度污染行业和轻度污染行业三大类，在分析各类行业环境规制水平的基础上，进一步细分每一个行业在倒"N"型曲线上所处的位置。结论表明，目前中国环境规制水平整体较低，只有少数重度污染行业突破了第一个拐点，其他行业仍位于第一个拐点之前。

2.3 总结性述评

学者们围绕环境规制、技术创新与企业绩效之间的两两关系进行了积极的探讨，综观国内外的相关研究，尚存在以下几点不足：

第一，目前对环境规制的创新效应和企业绩效的检验大多是独立进行验证，但对环境规制、技术创新和企业绩效三者进行综合分析，特别是对环境规制引致的技术创新对企业经济绩效的影响，即环境规制通过激励技术创新进而对企业经济绩效产生的间接影响研究不多，尤其是对中国的研究较少。

第二，关于环境规制与技术创新和企业绩效的理论分析及对实践问题的探讨取得了较丰富的成果，但是环境规制对技术创新的影响机理以及环境规制如何通过引致技术创新活动进而间接影响企业经济绩效的内在机理缺乏系统研究。

第三，波特从动态的观点出发，认为由于企业并不总是能作出最优的决策，更加严格但设计恰当的环境规制（特别是基于市场的环境政策如税收、污染排放许可）能激励创新并能部分甚至完全抵消遵循环境规制的成本，从而使企业达到经济绩效和环境绩效同时改进的"双赢"状态。目前关于环境规制对技术创新和企业绩效影响的实证分析，大多数是进行静态分析，但是从动态角度（考虑到环境规制的滞后性）对两者关系分析的较少。

第四，环境规制工具包括命令—控制型、市场激励型和自愿型（信息公开与公众参与）三种类型，从规制工具的角度对环境规制的创新效应进行研究的较少。

本书基于上述研究可能存在的不足，尝试对环境规制、技术创新与工业企业绩效三者关系进行深入系统的研究，包括研究环境规制对技术创新的影响机理、环境规制引致的技术创新对工业企业绩效的影响机理、环境规制对工业企业绩效的影响机理，并以中国 37 个二位数工业行业为研究对象进行实证研究，分析我国环境规制政策是否实现了环境质量改善和工业企业经济绩效（竞争力）提高的"双赢"（win – win）目标。

第3章

中国工业污染状况及环境规制的演进

近年来,环境污染问题是中国工业发展面临的严峻问题,在加速工业化进程的同时,我国环境承受着工业高速增长带来的负面效应。面对越发严重的环境污染问题,中国政府采取了提高污染物排放标准、实施限期治理和关停并转、鼓励企业进行治污技术创新等举措,环境污染治理取得了一定的成效。本书利用工业相关数据对中国工业环境污染现状进行剖析,对37个工业行业的污染程度进行测算。在此基础上,归纳总结中国环境规制发展历程、特点、类型及作用,构建环境规制实施强度评价指标,最终测算出中国37个工业行业环境规制实施的强度。

3.1 中国工业污染状况

改革开放以来,中国的工业化取得了举世瞩目的成就,同时也带来了生态系统破坏、环境严重污染等问题。工业污染已成为中国环境污染的主要来源,2012年,中国工业废水排放量达221.6万吨,占废水排放总量的比重为32.36%;工业二氧化硫排放量达1911.7万吨,占二氧化硫排放总量的90.28%。为此,本书利用历年工业相关数据对中国工业污染现状进行描述分析,并对工业污染程度进行测算。自20世纪70年代环境保护工作逐步开展以来,中国的工业治污策略从起初依靠单纯污染治理,逐步转变为污染治理与产业结构调整相结合、排放浓度与排放总量"双控"并重(于文超,2013),有效地推动了工业污染的治理,取得了较为显著的治污效果。

3.1.1 工业水污染状况

工业废水排放是水污染的重要来源,因而工业废水治理一直是我国污染防治领域的重点。图3-1和3-2分别给出了2000~2011年工业废水排放密度和工业废水排放达标率。从工业废水排放密度上看,单位工业总产值废水排放量呈现逐年下降趋势,从2000年的22.67吨/万元下降到2011年的2.73吨/万元;2000年至今,工业废水排放密度一直呈现稳步下降趋势,这种变化很可能与《水污染防治法》在1996年和2008年的两次修订完善相关。

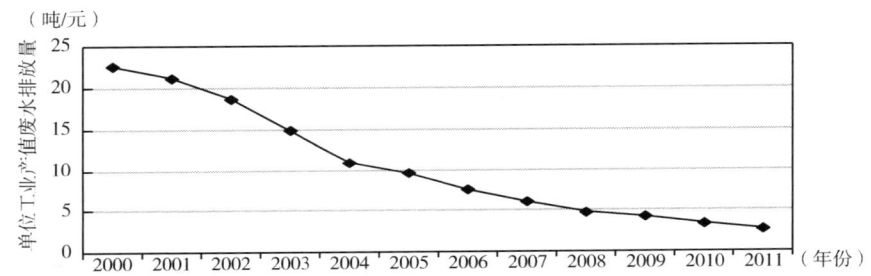

图3-1 2000~2011年工业废水排放密度

注:环境数据来源于各年中国环境统计年鉴;历年规模以上工业总产值数据来源于中国统计年鉴,并使用GDP平减指数调整为以2000年为基年的实际值。工业废水排放达标率等于工业废水排放达标量与工业废水排放量的比值。

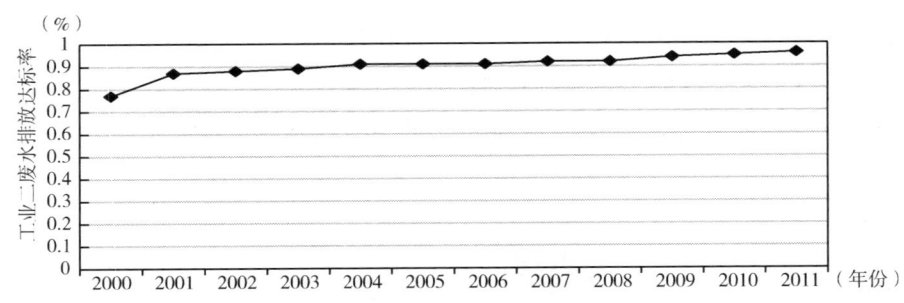

图3-2 2000~2011年工业废水排放达标率

注:环境数据来源于各年中国环境统计年鉴;工业废水排放达标率等于工业废水排放达标量与工业废水排放量的比值。

从工业废水排放达标率来看，2000~2004年，工业废水排放达标率则呈现显著上升趋势，2000年达标率仅为76%，到2004年达到90%以上；2005~2011年，工业废水达标率继续呈现稳步上升趋势，到2011年达到96%以上。

3.1.2 工业大气污染状况

工业大气污染近年来是举国上下高度关注的环境问题。从工业二氧化硫排放密度上看（见图3-3），2000~2011年，单位工业总产值二氧化硫排放量一直呈现下降趋势，工业二氧化硫排放密度持续下降，从0.0188吨/万元下降到2011年的0.0024吨/万元，这种持续下降趋势可能是由于《大气污染防治法》于2000年进行修订、二氧化硫排放的规制和约束不断增强带来的[①]。

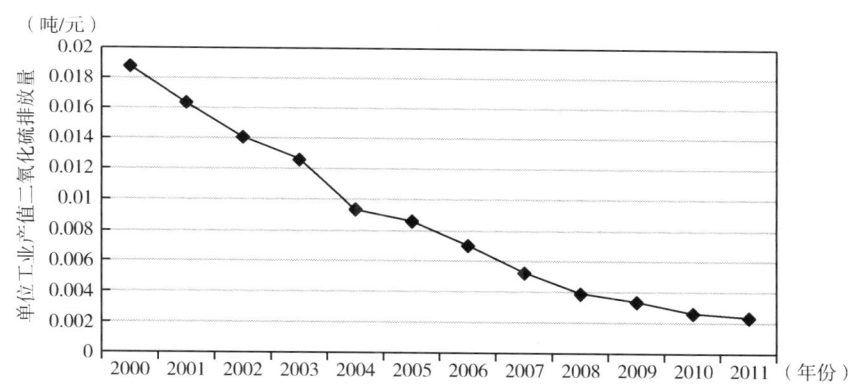

图3-3 2000~2011年工业二氧化硫排放密度

注：环境数据来源于各年中国环境统计年鉴；历年规模以上工业总产值数据来源于中国统计年鉴，并使用GDP平减指数调整为以2000年为基年的实际值。

从工业二氧化硫去除率上看，2000~2011年，二氧化硫去除率从26.29%上升到67.56%，虽然2002~2003年，工业二氧化硫去除率有一定程度的反弹，但是从2003年之后，尤其是从2005年开始，工业二氧化硫去除率迅速提升（见图3-4）。

---

① 2000年修订的《大气污染防治法》不仅增添了新的内容和新的法律规范，而且原有的法律规范也得到了进一步的充实和完善（李树和陈刚，2013）。

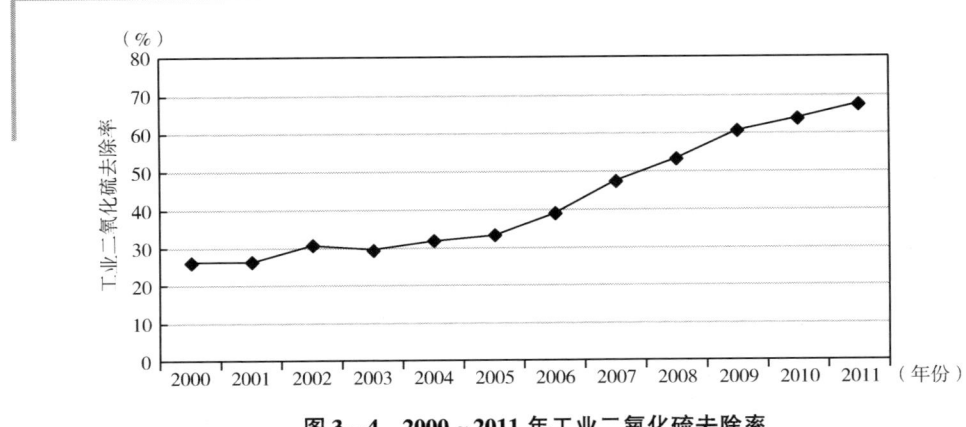

图3-4 2000~2011年工业二氧化硫去除率

注：环境数据来源于各年中国环境统计年鉴；工业二氧化硫去除率等于工业二氧化硫去除量除以二氧化硫去除量和排放量之和。

除去二氧化硫外，工业烟尘也是一类重要的大气污染物。图3-5和图3-6分别给出了2000~2011年工业烟尘排放密度和去除率的变化趋势。图3-5表明，单位工业总产值烟尘排放量呈现两段明显的下降趋势：第一段是2000~2004年，从0.0111吨/万元下降到0.0044吨/万元；第二段是2005~2011年，从0.0038吨/万元下降到0.0008吨/万元，下降幅度达到76.32%。

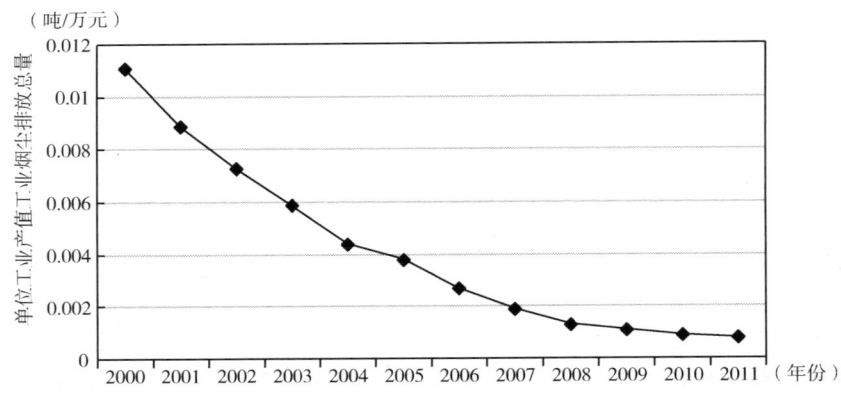

图3-5 2000~2011年工业烟尘排放密度

注：环境数据来源于各年中国环境统计年鉴；历年规模以上工业总产值数据来源于中国统计年鉴，并使用GDP平减指数调整为以2000年为基年的实际值。

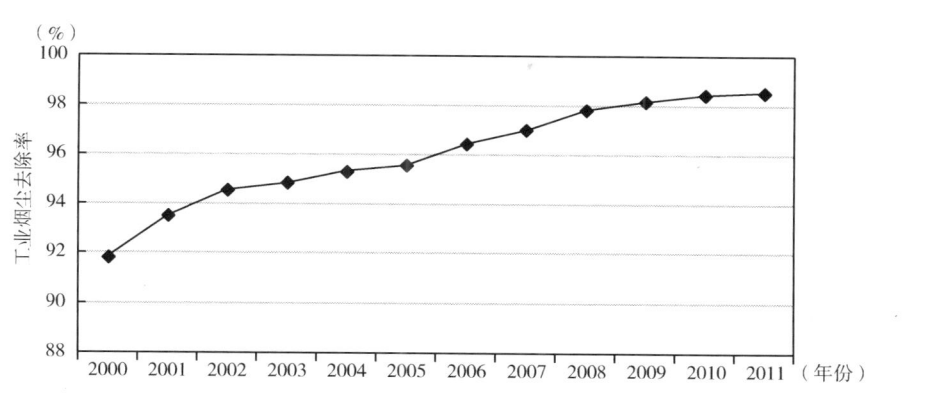

图3-6 2000~2011年工业烟尘去除率

注：环境数据来源于各年中国环境统计年鉴；工业烟尘去除率等于工业烟尘去除量除以工业烟尘去除量和排放量之和。

与此同时，工业烟尘去除率也呈现两段明显的上升趋势：第一段是2000~2004年，从91.83%上升到95.32%；第二段是2005~2011年，从95.59%上升到98.56%，表明经过不断努力，全国工业烟尘去除率已经达到了较高水平。

工业烟尘排放密度和去除率的变化趋势也可能是由《大气污染防治法》于2000年进行修订、工业烟尘排放的规制和约束不断增强带来的。

通过分析2000年以来我国工业二氧化硫和工业烟尘排放密度以及工业二氧化硫和工业烟尘去除率，我们发现，虽然近年来我国大气污染形势依然严峻，但大气污染治理确实取得了显著效果。

3.1.3 工业固体废物污染状况

工业固体废物治理也是我国污染防治领域的重点领域。图3-7显示，2000~2011年，工业固体废弃物的产生密集度总体上呈现下降趋势。其中，2000~2008年，工业固体废物的排放密度呈现逐年下降趋势，从0.95吨/万元下降到0.37吨/万元；2009~2011年，工业固体废物排放密度呈现波动趋势，从0.37吨/万元下降到0.34吨/万元，再反弹到0.39吨/万元。同时工业固体废物产值率虽有波动，但总体上呈现上升趋势。

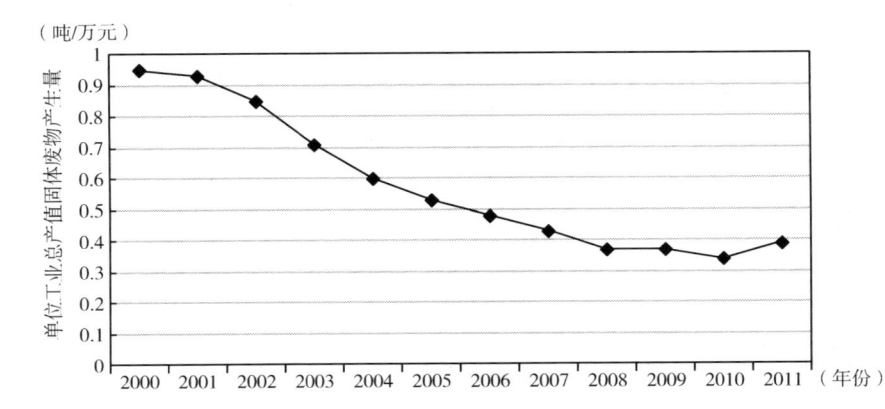

图 3-7 2000~2011 年工业固体废物排放密度

注：环境数据来源于各年中国环境统计年鉴；历年规模以上工业总产值数据来源于中国统计年鉴，并使用 GDP 平减指数调整为以 2000 年为基年的实际值。

从工业固体废物处置率上看（见图 3-8），工业固体废物处置率 2000~2006 年一直处于上升状态，特别是 2004 年急剧上升，到历史最高点 28.30%；但是 2007~2011 年，工业固体废物处置率总体上呈现下降趋势，从 25.34% 下降到 21.88%，虽然存在一定的波动，但工业固体废物处置率仍处于较高的水平。可能的原因是：2004 年修订的《固体废弃物防治法》对工业固体废物污染环境的防治做出了明确规定，实施后对于加强固体废弃物防治工作，提升固体废弃物处置率发挥了积极作用。

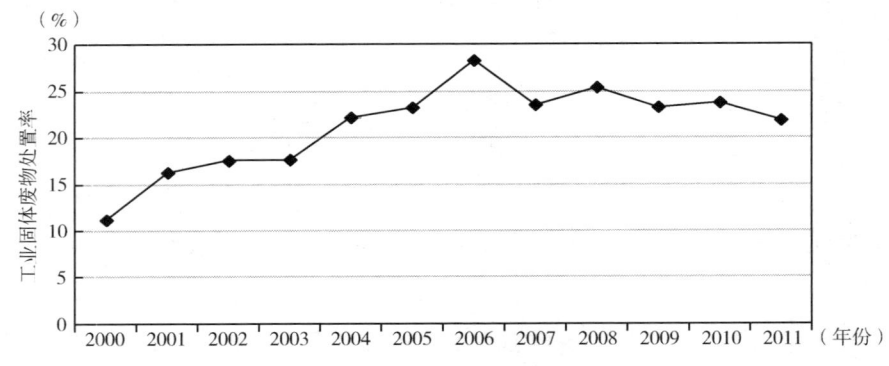

图 3-8 2000~2011 年工业固体废物处置率

注：环境数据来源于各年中国环境统计年鉴；工业固体废物处置率等于工业固体废物处置量与产生量的比值。

3.1.4 中国工业污染强度的度量

关于工业污染程度的测量，国外文献通常使用以下两种方法测量污染强度：一是将减污成本和支出（PAOC）指标高的行业划分为污染行业，PAOC 低的行业认定为清洁行业（Low and Yeats，1992）；二是将各种污染排放物加总后来确定行业的污染度（Mani and Wheeler，2003）。由于不同行业的污染排放物不同，而且不同污染物也是不能相加的，以上两种方法对于污染强度的测量都过于粗糙，不利于对产业内部和行业进行分析。因此，本书采用对各类污染排放数据进行线性标准化和等权加和平均的方法计算中国各行业的污染强度（李玲、陶锋，2012）。

3.1.4.1 污染强度指标选取

在上述研究方法的基础上，结合中国产业环境规制政策现状，本书选取以下指标来测算产业污染强度，具体包括：工业废水排放总量、工业二氧化硫排放量、工业烟尘排放量、工业粉尘排放量和工业固体废弃物排放量；各行业工业总产值。

3.1.4.2 污染强度测算方法

为了综合反映中国工业污染强度及其变化，依据已有的资料并参考其他相关评价方法，本书采用了一套工业污染强度的评价和测量方法，其基本思路和方法如下：

（1）计算出各行业主要污染物单位产值的污染排放值。

$$UE_{ij} = E_{ij}/O_i \qquad (3-1)$$

其中，E_{ij} 为行业 i 主要污染物 j 的污染排放，O_i 为各行业的工业总产值（i = 1, 2, 3, …, 37；j = 1, 2, …, 5）。

（2）将主要污染物单位产值的污染排放值按 0~1 的取值范围进行线性标准化。其方法为：

$$\overline{UE_{ij}^s} = \frac{(\overline{UE_{ij}} - \text{Min}(\overline{UE_j}))}{\text{Max}(\overline{UE_j}) - \text{Min}(\overline{UE_j})} \qquad (3-2)$$

其中，$\overline{UE_{ij}}$为指标的原始值，Max$(\overline{UE_j})$和Min$(\overline{UE_j})$分别为主要污染物j指标在所有行业中的最大值和最小值，UE_{ij}^s为j指标的标准化值。

（3）将各行业主要污染物的单位产值污染排放得分分别等权加和平均，计算出：工业废水、工业二氧化硫、工业烟尘、工业粉尘和工业固体废弃物五大类污染物的平均得分。

$$NUE_{ij} = \frac{1}{n} \sum_{j=1}^{5} UE_{ij}^s \qquad (3-3)$$

（4）将工业废水、工业二氧化硫、工业烟尘、工业粉尘和工业固体废弃物的单位产值排放平均得分进行汇总，得出工业总的污染排放强度γ_i。

3.1.4.3 工业污染强度测算

根据上述提到的污染强度的评价方法，以及2001~2012年《中国统计年鉴》《中国环境统计年鉴》的相关数据，我们对我国工业各行业的污染排放强度进行核算，表3-1为工业各行业污染排放强度的测算结果。本书根据各行业污染排放强度和已有研究的行业分类情况，对中国工业两位数行业进行了如下分类：$\gamma_i \geq 0.4079$的行业属于重度污染行业；$0.0151 < \gamma_i < 0.4079$的行业属于中度污染行业；$\gamma_i \leq 0.0151$的行业属于轻度污染行业。重污染行业和中度污染行业统称为污染行业或污染密集型行业。

表3-1 根据污染强度划分的行业分类结果

污染综合排放强度	分 类	行业（代码）
$\gamma_i \geq 0.4079$	重度污染行业	煤炭采选（6）、黑金矿采（8）、有金矿采（9）、纺织业（17）、造纸业（22）、石油加工（25）、化学纤维（26）、非金制造（31）、黑金加工（32）、有金加工（33）、电力生产（44）
$0.0151 < \gamma_i < 0.4079$	中度污染行业	石油开采（7）、非金矿采（10）、农副加工（13）、食品制造（14）、饮料制造（15）、皮羽制品（19）、文体用品（24）、医药制造（27）、塑料制品（30）、金属制品（34）、交通设备（37）、燃气生产（45）、水的生产（46）

续表

污染综合排放强度	分 类	行业（代码）
$\gamma_i \leq 0.0151$	轻度污染行业	烟草加工（16）、服装业（18）、木材加工（20）、家具制造（21）、印刷业（23）、橡胶制品（29）、通用设备（35）、专用设备（36）、电气机械（39）、通信设备（40）、仪器仪表（41）

3.2 中国环境规制的演进

3.2.1 中国环境管理机构的历史变迁

中国的环境管理机构经历了级别不断提升、职能不断强化的历史发展过程。主要分为四个时间节点：

——1971年，国家计委环境保护办公室成立，"环境保护"这一名称在中国政府机构中首次出现；1973年，第一次全国环境保护会议之后，国务院环境保护领导小组成立，其下设办公室，自此，专门的环境管理机构在中国成立；1982年，国务院机构改革，撤销国务院环境保护领导小组及其办公室，成立城乡建设环境保护部下属的环境保护局，具备了相对独立的财政权、人事权。

——1984年，国务院环境保护委员会成立，职能定位是作为环保局的组织协调机构；同年12月，城乡建设环境保护部下设的环境保护局升格为国家环境保护局，同时成为国务院环保委员会的办事机构，但依然接受城乡建设环保部的领导；1988年，国家环境保护局从建设部脱离出来，正式成为国务院管理的直属单位，这一加强环境管理机构的举措旨在应对当时愈发严峻的环境污染形势；1993年，人大八届一次会议设立全国人大环境保护委员会，并于1994年在人大八届二次会议上更名为全国人大环境与资源保护委员会，该机构的职责为研究、审议与拟定相关方案，并有五条具体职责。

——1998年，为了满足新形势下环保工作的需要，国家环保局进一步升格为环境保护总局，成为国务院直属的正部级单位，国务院环境保护委员会同时撤销；与此同时，以地方为主的双重领导管理体制模式进一步确立；2006年，六个区域环保督查中心成立，作为环保总局的派出机构，环保督查中心的成立增加了环保工作的区域协调性，并增强了环境执法能力。2008年，环境保护总局升格为环境保护部，成为国务院组成部门之一，将更多地参与到国家重大政策的规划制定，环境保护工作的深入开展得到了进一步保障。

——2016年，为了强化污染新形势下环境保护的督察工作，被称为"环保钦差"的中央环保督察组正式亮相，中央环保督察组由环保部牵头成立，中纪委、中组部的相关领导参加，是代表党中央、国务院对各省（自治区、直辖市）党委和政府及其有关部门开展的环境保护督察。中央环保督察组是根据《环境保护督察方案》设立的部际间联合工作组，由环保部牵头成立，中纪委、中组部的相关领导参加，是代表党中央、国务院对各省（自治区、直辖市）党委和政府及其有关部门开展的环境保护督察。

3.2.2 中国环境保护法律法规体系的建立与完善

中国的环境保护法律法规是伴随着中国环保事业的发展而产生的。从1973年第一次全国环境保护会议确立环境管理的"32字方针"，到党的十八大报告提出"把生态文明建设放在突出地位，融入经济建设、政治建设、文化建设、社会建设各方面和全过程，努力建设美丽中国，实现中华民族永续发展"的目标，中国的环境保护事业经历了从无到有、从开始起步到逐步完善的过程。中国环保事业的发展历程说明，在经济社会改革发展进程中，新的环境污染问题会不断出现，为实现环境保护与经济发展的"双赢"，相关环保法律法规需要不断细化和完善，从而为污染治理工作的开展提供良好的制度保证。到目前，环境保护问题已经成为社会民众普遍关注、政策制定者高度重视、影响社会主义现代化建设进程的全局性问题。

经过30多年的发展完善，中国目前已经形成以《环境保护法》为主体，以环境保护专门法、与环保相关的资源法、环保行政法规与规章、环保地方性法规为主要内容的、相对完善的环境保护法律法规体系。1973~2015年，中国政府相继召开了七次全国环境保护会议，这些会议为应对环境保护工作的新变化，着力解决经济发展进程中不断涌现的新环境问题，做出了一系列的决策规划与重要部署。本书将根据七次全国环境保护会议，分四个阶段对中国的环保法律法规体系的发展做出总结和概括。

第一阶段：开始起步阶段（1973~1982年）

1973年，第一次全国环境保护会议召开，审议通过了《关于保护和改善环境的若干规定（试行草案）》，确定了环保工作的"32字方针"①，这是我国最早的全面规定环境保护的法律法规，也是我国后来发布的《中华人民共和国环境保护法（试行）》（1979年）的雏形。1978年，环境保护工作正式写入新修订的《中华人民共和国宪法》，自此，环境保护法律体系建设和环境保护工作的开展有了宪法依据的支持。

随后，我国于1979年颁布实施第一部环保法律《环境保护法（试行）》，该法对环保的基本原则和基本制度、环境管理机构和职责等作了原则性规定；同时确定了"三废"污染治理环境影响评价、"三同时"②、排污收费三项制度。这标志着环保工作开始步入法治阶段，环保法律体系开始初步建立。

1981年，国务院发布《关于在国民经济调整时期加强环境保护工作的决定》明确指出，管理好我国的环境，合理地开放和利用自然资源，是现代化建设的一项基本任务。1982年，《中华人民共和国海洋环境保护法》由全国人大常委会通过，同年，《征收排污费暂行办法》颁布实施，对超标污染物的征收标准做出明确规定。这标志着环境保护工作开始逐步走向细化。

第二阶段：快速发展阶段（1983~1995年）

1983年，第二次全国环境保护会议召开，将环境保护确定为基本国策，同时确定了"预防为主、防治结合""谁污染、谁治理""强化环境管理"三大基本政策。1984年国务院发布《关于环境保护工作的若干决定》，宣布成立国务院

---

① "32字方针"是指全面规划、合理布局、综合利用、化害为利、依靠群众、大家动手、保护环境、造福人民。
② "三同时"制度指的是所有新建、改扩建项目的污染防治设施必须与主体工程同时设计、同时施工、同时投入运行。

环境保护委员会，并对各级政府环保机构的设置做出了相应安排。同年，全国人大常委会通过了《中华人民共和国水污染防治法》（1984年5月11日通过，于1996年5月15日、2008年2月28日两次修订）和《中华人民共和国森林法》。在随后的几年时间内，其他四项自然资源法也相继获得通过①。

1987年，全国人大常委会通过《大气污染防治法》（后于1995年、2000年进行了两次修订），至此，我国已经初步建立了包含环保专门法、自然资源环境在内的污染治理法律体系。此外，在1983~1988年这段时间内，一系列行政法规和部门规章也相继颁布实施，比较重要的有《防止船舶污染海域管理条例》（1983年发布，2009年废止）、《水土保持工作条例》（1982年发布，1991年废止）、《海洋石油勘探开发环境保护管理条例》（1983年发布）、《关于防治煤烟型污染技术政策的规定》（1984年发布）、《对外经济开放地区环境管理暂行规定》（1986年发布，2001年废止）、《国务院关于加强乡镇、街道企业环境管理的规定》（1984年发布，2001年废止）等。

1989年，第三次全国环境保护会议召开，提出了环境管理的新五项制度②，进而推动环境保护工作的进一步深化开展。同年，全国人大常委会对《中华人民共和国环境保护法》进行了修订，并确定了我国的环保监督管理体制是统一监管与分级分部门监管相结合的模式。与此同时，一些新的专门环保法、自然资源法也相继出台，促进了环境保护法律体系的进一步发展，例如，《中华人民共和国野生动物保护法》（1988年发布，2004年修订）、《中华人民共和国水土保持法》（1991年发布，2010年修订）、《中华人民共和国固体废物污染环境防治法》（1995年发布，2004年修订）。

为应对人口增长和现代工业发展对环保工作提出的新挑战，1990年颁布的《国务院关于进一步加强环境保护工作的决定》强调，严格执行环保法律法规，

---

① 四项自然资源法分别是《中华人民共和国草原法》《中华人民共和国渔业法》《中华人民共和国矿产资源法》《中华人民共和国土地资源管理法》。

② 五项制度分别是：全力推行环境保护目标责任制、城市环境综合整治定量考核、排污许可证制度、限期治理、污染集中控制。

依法采取有效措施治理工业污染；全面落实"八项制度"①，并将环保目标责任制放在突出地位；将城市环境综合整治作为区域环境污染治理的抓手，将环境保护目标的完成情况作为评定政府工作成绩的依据之一。这为20世纪80年代中期确定污染防治与生态保护并重的环境战略奠定基础。1992年联合国环境与发展大会之后，中国政府颁布了《中国环境保护行动计划》《中国21世纪议程》等文件，明确将可持续发展战略作为中国经济和社会发展的基本指导思想。

与此同时，环境保护方面的行政法规和部门规章有了进一步发展，无论是法律体例上，还是内容上都有了进一步完善。其中，一些环保法律的细则相继出台，例如，《水污染防治法实施细则》（1989年发布）、《土地管理法实施条例》（1991年发布）、《水土保持法实施条例》（1993年发布）、《矿产资源法实施细则》（1994年发布）等。此外，污染物的排污费收取标准也逐步细化，包括：《征收工业燃煤 SO_2 排污费试点方案》（1992年发布）、《超标环境噪声排污费征收标准》（1991年发布）、《超标污水排污费征收标准》（1991年发布）。值得一提的是，这一阶段其他领域法律法规也对环境保护工作给予了极大关注，例如，1993年通过的《中华人民共和国农业法》对农业资源和农业环境保护工作做出了专门规定；1995年通过的《中华人民共和国电力法》也明确强调，电力建设、生产、供应和使用应当依法保护环境，减少有害物质排放。

第三阶段：全面深化阶段（1996~2010年）

1996年，第四次全国环境保护会议召开，确定了坚持污染防治和生态保护并重的方针，鲜明提出了"保护环境的实质是保护生产力"的观点，自此，中国环保工作进入全面深化的全新阶段。面对环境保护工作不断出现的新问题，环境保护法律法规的制定与执行力度在不断加强。1997年，八届全国人大常委会通过《中华人民共和国节约能源法》（后于2007年修订），与此同时，多项行政法规和部门规章密集出台，主要包括：《酸雨控制区和二氧化硫控制区划分方法》（1997年发布）、《全国生态环境建设规划》（1998年发布）、《全国生态环境保护纲要》（2000年发布）、《清洁生产促进法》（2002年发布，后于2012年修订）、

---

① 八项制度是指环境目标责任制、综合整治与定量考核、污染集中控制、限期治理、排污许可证制度、环境影响评价制度、"三同时"制度、排污收费制度。

《环境影响评价法》（2002年发布）、《排污费征收使用管理条例》（2003年修订）等。

2002年，第五次全国环境保护会议召开，会议强调环境保护是政府的一项重要职能，按照社会主义市场经济的要求，动员全社会的力量做好这项工作。同年，党的十六大报告进一步将"可持续发展能力不断增强、生态环境得到改善"作为全面建设小康社会的目标之一。

这段时期内，江河流域的污染防治工作受到了高度重视，国务院相继批复了《巢湖流域水污染"十五"计划》（2002年）、《淮河流域水污染"十五"计划》（2003年）、《辽河流域水污染"十五"计划》（2003年）、《海河流域水污染"十五"计划》（2003年）、《滇池流域水污染"十五"计划》（2003年），并于2004年发布《关于加强淮河流域水污染防治工作的通知》对淮河污染治理工作进行进一步部署。

为了全面落实科学发展观，实现建设社会主义生态文明的战略部署，国务院于2005年出台实施了《关于落实科学发展观加强环境保护的决定》，强调用科学发展观统领环境保护工作，切实解决突出的环境问题。随后，第六次全国环境保护会议于2006年召开，会议提出了"三个转变"① 方针，强调将环保工作推向以保护环境优化经济增长的新阶段。在此之后，国务院于2007年发布《节能减排综合性工作方案》，将节能减排工作作为调整经济结构、转变经济增长方式的突破口和重要抓手，同年，《国家环境保护"十一五"规划》进一步确定了"十一五"期间环保重点领域和主要任务，并对二氧化硫、化学需氧量等主要污染物的排放总量进行了规定。与此同时，这一时期环保法律法规体系建设也在深入推进，《可再生能源法》（2005年发布，后于2009修订）、《循环经济促进法》（2008年）等法律相继实施。

第四阶段：严格实施阶段（2011年至今）

面对日益严峻的环境污染形势，2011年国务院先后出台了《关于加强环境

---

① 三个转变分别是：（1）从重经济增长轻环境保护转变为保护环境与经济增长并重；（2）从环境保护滞后于经济发展转变为环境保护与经济发展同步；（3）从主要用行政办法保护环境转变为综合运用法律、经济、技术和必要的行政办法解决环境问题。

保护重点工作的意见》和《国家环境保护"十二五"规划》，召开了第七次全国环境保护大会，进一步明确了"十二五"环境保护目标任务、重点工作及政策措施。据有关资料统计，2007～2011年，国家颁布的关于环境规制的法规总数为268项，基本上形成了我国环境保护法规的完整体系①。2012年8月，十一届全国人大常委会第二十八次会议初次审议了《中华人民共和国环境保护法修正案（草案）》，十二届全国人大常委会第八次会议修订通过。2013年9月，国务院印发了《大气污染防治行动计划》，提出到2017年，全国地级及以上城市可吸入颗粒物浓度比2012年下降10%以上，优良天数逐年提高。2015年1月1日，新修订的《环境保护法》正式施行，新环保法被誉为"史上最严格的环保法"。新环保法进一步明确了政府对环境保护的监督管理职责，完善了生态保护红线、污染物总量控制、环境与健康监测及影响评价、跨行政区域联合防治等环境保护基本制度，强化了企业污染防治责任，加大了对环境违法行为的法律制裁，还就政府、企业公开环境信息与公众参与、监督环境保护作出了系统规定，法律条文也从原来47条增加到70条，增强了法律的可执行性和可操作性。环境保护税法共5章、28条，分别为总则、计税依据和应纳税额、税收减免、征收管理、附则。2015年8月29日十二届全国人大常委会第十六次会议修订了《大气污染防治法》，自2016年1月1日起施行。新修订的《大气污染防治法》主要是以改善大气环境质量为目标，强化了地方政府责任，加强了对地方政府的监督。同时，从坚持源头治理，从推动转变经济发展方式、优化产业结构、调整能源结构的角度完善了相关制度。2016年十二届全国人大常委会第二十五次会议12月25日表决通过了环境保护税法，这是我国第一部专门体现"绿色税制"单行税法。环境保护税法共5章、28条，分别为总则、计税依据和应纳税额、税收减免、征收管理、附则。该法将于2018年1月1日起施行，法律施行之日起，依照法律规定征收环境保护税，不再征收排污费。

　　回顾中国环境保护法律法规体系的发展变化，研究发现，中国环境保护法律法规具备的一个显著特点是，参与颁布环境保护法律法规的机构自1982年以来

---

① 数据来源：《全国环境统计公报》。国家环境规制法规包括：部门规章、地方性法规和地方性政府规章。

不断增加。到 2012 年为止，共有全国人大、国务院、环保总局（环保部）、财政部、科技部、商务部、发改委、工业和信息化部、税务总局、海关总署、中国人民银行、银监会、水利部、质检总局、海洋局、外经贸部（商务部）、建设部（住房与城乡建设部）等 30 多个机构参与颁布环境保护法律法规，其中颁布环境保护法律法规最多的是国家环保总局（环境保护部）。参与颁布实施的机构不断增加，体现了中国对环境保护的日益重视，说明中国试图通过发动各个方面的力量推动环境创新的快速提升（见表 3-2）。

表 3-2　　　　　参与环境政策颁布的部门及政策的颁布数量

部门	全国人大	国务院	国家环保总局	财政部	科技部	国家发改委
数量（项）	13	47	208	31	9	27
部门	税务总局	商务部	中国人民银行	建设部	海关总署	国家经贸委
数量（项）	14	11	5	15	12	37

资料来源：引自程华，廖中举. 中国环境政策演变及其对企业环境创新绩效影响的实证研究 [J]. 技术经济 2010（11）：8-13.

中国环境保护法律法规的另一个显著特点是缺乏权威性，中国环境保护法律法规大多数是以通知、办法、规定、意见等形式颁布的，以法律形式颁布的相关政策较少（见附录 A：中国环境规制政策发展历程）。

总之，经过 30 多年的发展与完善，现阶段我国已经形成以《环境保护法》为主体，以环境保护专门法、与环保相关的资源法、环保行政法规与规章、环保地方性法规为主要内容的环境法律法规体系，以及相关的环境标准体系。

3.2.3　中国环境规制的实践

中国环境规制总体上实行统一规制下的地方政府负责制，以命令—控制型手段为主、以经济激励型手段为辅，同时自愿型工具开始逐步得到应用，环境规制过程面临"经济"与"环保"的抉择。

3.2.3.1　统一规制下的地方政府负责制

中国实行各级政府对当地环境质量负责，环境保护行政主管部门统一监督管理，各有关部门依照法律规定实施监督管理的环境管理体制，如图3－9所示。目前中国的环境机构有以下几种：①环境经济综合管理机关。国务院和县级以上地方人民政府的发改委、经信委、科委负责做好国民经济、社会发展计划和生产建设、科学技术中的环境资源保护综合平衡工作。②环境保护统一监督管理机关。环境保护统一监督管理机关为各级人民政府的环境保护行政主管部门。包括国务院环境保护行政主管部门和县级以上各级地方人民政府环境保护行政主管部门。③环境保护部门监督管理机关。部门监督管理是指相关部门依法定的职责权限对与其相关的环境保护工作进行具体监督管理。部门监督管理机关包括：中央一级的国家海洋行政主管部门、港务监督、渔政渔港监督、军队环境保护部门和各级公安、交通、铁道、民航管理部门和县级以上人民政府的土地、矿业、林业、农业、水利、建设等行政主管部门①。

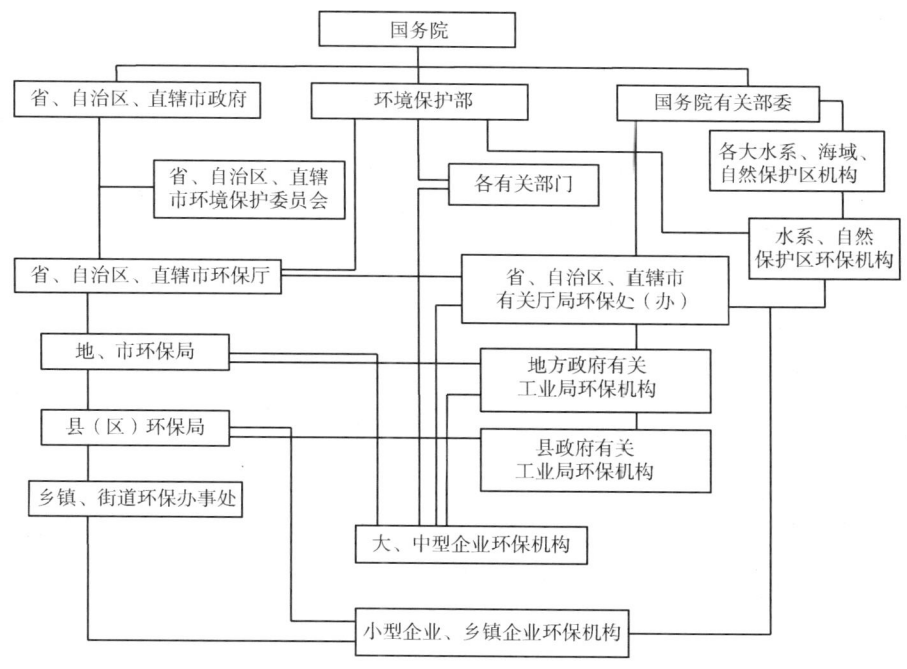

图3－9　中国环境管理机构体系示范图

---

① 王慧．中国环境管理机构的设置及职责分析．法制与社会，2009（4）．

3.2.3.2 中国环境规制政策的类型及作用

在环境规制的实践中，中国的环境规制手段也处在一个不断完善的过程中。目前，中国已经发展成了以八项制度为核心的"命令—控制型"环境规制政策为主，"基于市场型"的环境规制政策为辅，"信息披露和公众参与型"环境规制政策开始逐步得到应用的环境管理制度体系。

1. "命令—控制"型环境规制政策

中国的"命令—控制"型环境规制政策主要包括环境影响评价制度、"三同时"制度、限期治理、集中污染控制、排污许可证制度和城市环境综合整治定量考核等。

（1）环境影响评价制度。

环境影响评价（EIA）制度起源于美国，其核心内容是要求政府部门在制订对人类环境具有相当影响的方案和实现重要计划、批准开发建设项目的，必须先编写环境影响报告书。作为一种有效的环境管理办法，环境影响评价制度后来为各国借鉴采用。中国于1978年在制定的《关于加强基本建设项目前期工作内容》中提出了进行环境影响评价的问题，成为基本建设项目可行性研究报告中的一个重要内容。1979年9月发布的《中华人民共和国环境保护法（试行）》将这一内容制度化。该法第六条规定："一切企业、事业单位的选址、设计、建设和生产，都必须充分注意防止对环境的污染和破坏。在进行新建、改建和扩建工程时，必须提出对环境影响的报告书，经环境保护部门和其他有关部门审查批准后才能进行设计"。2003年，《中华人民共和国环境影响评价法》实施，将环境影响评价范围扩展到区域发展规划中。环境影响评价制度"先评价、后建设"的原则可以从源头上有效减少开发建设活动所带来的环境污染和生态破坏。

表3-3给出了1996~2011年我国环境影响评价制度的具体执行情况，从环评执行率上看，呈现逐年上升趋势，到2011年已经接近100%，这说明环境评价制度在新建项目中已得到普遍落实；同时，执行环境评价项目数也有了明显增加，从6.54万个增加到37.78万个，增加了近6倍。

表 3-3　　　　　　　　环境影响评价制度执行情况

年份	新开工的建设项目数（万个）	执行环境评价项目数（万个）	环评执行率（％）
1996	8.02	6.54	81.6
1997	7.99	6.82	85.4
1998	8.32	7.89	94.8
1999	10.24	9.49	92.7
2000	13.93	13.51	97.0
2001	19.38	18.8	97.0
2002	23.72	23.31	98.3
2003	28.11	27.80	98.9
2004	32.32	32.10	99.3
2005	31.56	31.40	99.5
2006	36.48	36.35	99.7
2007	28.05	27.80	99.1
2008	26.83	26.80	99.9
2009	24.90	24.85	99.8
2010	39.02	38.98	99.9
2011	37.82	37.78	99.9

资料来源：根据1997～2011年《中国环境统计公报》整理。环评执行率等于执行环境评价项目数与新开工的建设项目数之比。

（2）"三同时"制度。

"三同时"制度是我国较早的环境规制制度之一，是与环境影响评价制度相关联的一项制度。最初提出"三同时"制度的文件是国务院1973年批准的《关于改善和保护环境的若干规定（试行）》。该规定明确指出，所有单位在进行新、改、扩建项目投资时，必须将有关的环保设施与主体工程同时设计、同时施工、同时使用。1989年修订的《中华人民共和国环境保护法》将该项制度描述为：建设项目中防治污染的措施，必须与主体工程同时设计、同时施工、同时投产使用。在实践中，大城市和大中型企业的执行率较高，而小城镇和乡镇企业的执行率较低。

从表3-4中给出的相关数据不难看出，1995～2008年，无论是实际执行

"三同时"项目数还是"三同时"合格项目数,都呈现出显著的增长趋势,分别增加了约4倍和5倍。此外,项目合格率和项目执行合格率也是在不断提高,其中,项目合格率从1995年的78.57%上升到2008年的97.97%,项目执行合格率从1995年的65.28%上升到2010年的98.0%。图3-10还显示全国实际执行"三同时"建设项目环保投资从2000年的260亿元增加到2011年近2200亿元,由此可见,"三同时"制度在新建项目中得到了普遍落实。

表3-4　　　　　　　　　　"三同时"制度的执行情况

年份	当年建成投产项目数(项)	应执行"三同时"项目数(项)	实际执行"三同时"项目数(项)	"三同时"合格项目数(项)	项目合格率(%)	项目执行合格率(%)
1995	30227	23013	19119	15022	78.57	65.28
1996	29717	19937	17938	15904	88.66	79.77
1997	29792	17529	16650	15179	91.17	86.59
1998	37546	18948	18063	17049	93.49	89.98
1999	48646	22985	22522	21639	96.08	94.14
2000	63999	29321	28709	27831	96.94	94.92
2001	88541	37000	36020	35520	98.61	96.00
2002	100298	53287	51882	51196	98.68	96.08
2003	115922	63904	63191	61648	97.56	96.47
2004	127580	79456	78907	76038	96.36	95.70
2005	99083	71472	70793	67677	95.60	94.69
2006	129004	81988	81480	74842	91.85	91.28
2007	94805	85147	84217	83080	98.65	97.57
2008	94412	91707	95453	93518	97.97	101.97
2009	79391	77690	—	—	—	—
2010	—	—	106765	—	—	98.0

资料来源:根据1996~2011年《中国环境年鉴》整理,"—"表示相应数据缺失。其中"三同时"项目合格率等于"三同时"合格项目数与实际执行"三同时"项目数之比;"三同时"项目执行合格率等于"三同时"合格项目数与应执行"三同时"项目数之比。

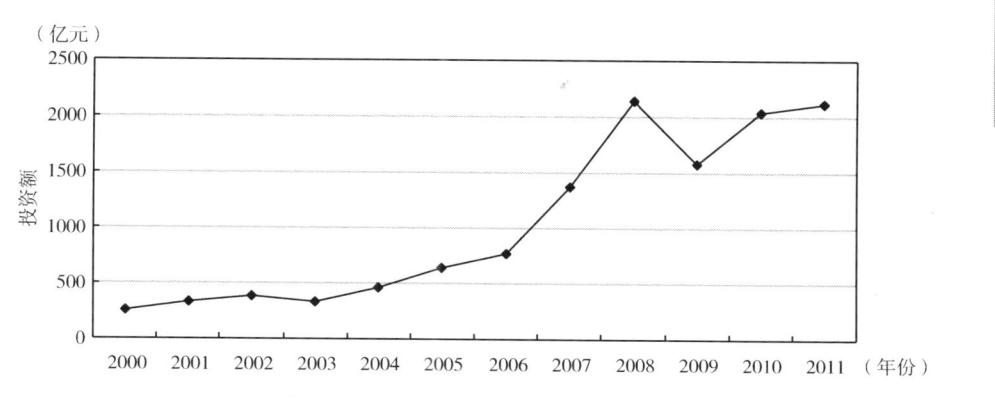

图 3-10 全国建设项目"三同时"环保投资

资料来源：根据 2001~2011 年《中国环境年鉴》整理。当年完成建设项目"三同时"环保投资利用 GDP 平减指数调整为以 1978 年为基年的实际值。

(3) 限期治理、关停并转制度和排污许可证制度。

环境污染限期治理制度是指对已存在危害环境的污染源，由法定机关做出决定，令其在一定期限内治理并达到规定要求的措施。目前法律的限期治理对象主要有两类：一是位于特别保护区域内的超标排污的污染源；二是造成严重污染的污染源。对于限期治理不能达标，或因污染严重失去治理价值的企业实行关停并转迁。表 3-4 的数据显示，1996~2008 年，完成限期治理项目数从 5717 项上升到 25899 项，项目数增加了 3.5 倍；完成限期治理项目投资额（实际值）从 1996 年的 12 亿元上升到 2009 年的 87.70 亿元，增长了 7.3 倍。此外，1996~2008 年，关停并转迁企业数呈现先下降后上升再下降的趋势，总体上看，2008 年关停并转迁企业数为 4528 个，大致相当于 1996 年水平的 1/13。

排污许可证制度自 20 世纪 80 年代中期在水污染防治领域开展试点，将排污许可证作为环保部门执法和社会公众监督排污单位排污行为的重要依据。国务院于 2000 年发布修订后的《水污染防治法实施细则》明确规定，县级以上环保部门对不超过排放总量指标的污染物发放排污许可证。国家环保总局于 2008 年发布《排污许可证管理条例（征求意见稿）》，对排污许可证的申请受理、审批颁发、监督检查做出了详细规定，可见，排污许可证制度将在未来中国环境规制政策中发挥愈发重要的作用。中国目前主要推行水污染物排污许可证制度,关于大气污染目前还处在研究和初试阶段。表 3-5 的数据显示,1996~2008 年,我国发放的排污许可证数呈现明显的上升趋势,从 41720 个增加到 166628 个,增加了近 4 倍,这说明,排污许可证制度已成为一项重要的环境规制政策。

表 3-5　　　　　　　限期治理和排污许可证制度执行情况

年份	当年完成限期治理项目数(项)	当年完成限期治理项目投资额(亿元)	关停并转迁企业数(个)	已发放排污许可证数(个)
1996	5717	12.00	60845	41720
1997	15286	29.55	65244	51063
1998	12020	19.77	13630	81578
1999	24907	39.46	9175	118230
2000	43349	88.65	19498	131366
2001	15867	29.19	6574	121904
2002	24668	27.69	8184	154370
2003	27608	32.58	11499	176577
2004	22649	36.30	13348	197274
2005	22126	42.56	10777	192307
2006	20578	54.67	10030	217276
2007	24113	69.69	25733	148320
2008	25899	79.21	22488	166628
2009	6200	87.70	4528	55936

资料来源:根据 1997~2010 年《中国环境年鉴》整理。当年完成限期治理项目投资额利用 GDP 平减指数调整为以 1978 年为基年的实际值。

(4) 城市环境综合整治定量考核。

城市环境综合整治定量考核制度,是指通过实行定量考核,对城市政府在推行城市环境综合整治中的活动予以管理和调整的一项环境监督管理制度。考核分为国家级与省、自治区级两级,定量考核每年进行一次,考核指标共 27 项,其中环境质量指标 7 项、污染控制指标 9 项、环境建设指标 6 项、环境管理指标 5 项。

2. "基于市场"型的环境规制政策

中国"基于市场"型的环境规制政策主要有排污收费制度、排污权交易、税收优惠和补贴等。

(1) 排污收费制度。

中国是世界上最早实行排污收费制度的国家之一。1978年，中国根据"污染者付费"原则提出了实施排污收费制度，1979年颁布的《中华人民共和国环境保护法（试行)》正式制定了该制度。此后，在《大气污染防治法》《水污染防治法》《固体废物污染环境防治法》《环境噪声污染防治法》等法律中都对这项制度做出了规定。经过20多年的发展与完善，目前已制定了包括污水、废气、废渣、噪声、放射性等5大类100多项排污收费的标准，对排污费的征收对象、征收范围、征收标准、收费计算方法、排污费的加收和减收、征收程序及排污费的管理和使用都做出了详细的规定，使排污费制度成为一项比较成熟的有中国特色的环境管理制度。这一制度不仅对企业防治污染产生激励，还提供了一条稳定的环保资金来源。虽然排污费占环保投入的比例并不很大，但可引导带动其他资金的投入，在污染防治的投资上也扮演重要的角色。实践表明，尽管现在的排污收费制度有一些缺陷，但在总体上依然是一项比较成熟的、行之有效的环境管理制度。

(2) 排污权交易。

排污权交易是以科斯定理为理论依据的。排污权交易是指在污染物排放总量控制指标确定的条件下，利用市场机制，建立合法的污染物排放权利即排污权，并允许这种权利像商品那样被买入和卖出，以此来进行污染物的排放控制，从而达到减少排放量、保护环境的目的。排污权交易的主要思想是建立合法的污染物排放权利（这种权利通常以排污许可证的形式表现)，以此对污染物的排放进行控制。它是政府利用法律制度将环境使用这一经济权利与市场交易机制相结合，使政府这只"有形之手"和市场这只"无形之手"紧密结合来控制环境污染的一种较为有效的手段。这一制度的实施，是在污染物排放总量控制前提下，为激励污染物排放量的削减，排污权交易双方利用市场机制及环境资源的特殊性，在环保主管部门的监督管理下，通过交易实现低成本治理污染。该制度的确立使污染物排放在某一范围内具有合法权利，容许这种权利像商品那样自由贸易。在污染源治理存在成本差异的情况下，治理成本较低的企业可以采取措施以减少污物的排放，剩余的排污权可以出售给那些污染治理成本较高的企业。市场交易使排污权从治理成本低的污染者流向治理成本高的污染者，这就会迫使污染者为追求盈利而降低治理成本，进而设法减少污染。

中国排污权交易制度的酝酿工作可追溯到1988年开始的排污许可证制度试点。1993年国家环保局开始探索大气排污权交易政策的实施，并以太原、包头等多个城市作为试点。1999年，中美两国环保局签署协议，以江苏南通和辽宁本溪两地作为最早的试点基地，在中国开展"运用市场机制减少二氧化硫排放研究"的合作项目。在辽宁本溪的试点中，双方草拟了《本溪市大气污染物排放总量控制管理条例》，该条例将排污权交易作为实现总量控制的重要手段，明确规定了排放监测、申报登记、许可证分配和超额排放处罚等重要内容。2001年南通天生港发电公司与南通另一家大型化工公司进行了二氧化硫排污权交易。这是中国第一例二氧化硫排污权交易。2002年7月，国家环保总局召开山东、山西、江苏等"二氧化硫排放交易"七省市试点会议，进一步研究部署进行排污权交易试点工作的具体步骤和实施方案。2004年，南通市环保局经过研究和协调，审核确认由泰尔特公司将排污指标剩余量出售给亚点毛巾厂，转让期限为3年，每吨COD交易价格为1000元。这是中国首例成功的水污染物排放权交易。2007年浙江嘉兴市出台《嘉兴市主要污染排污权交易办法（试行）》，并建立嘉兴市排污权储备交易中心。到2009年已有15家企业与中心签订了排污权转让合同。实践表明，排污权交易制度作为一种以发挥市场机制作用为特点的新型环境经济政策，能有效地控制环境污染，起到了节省治理费用、保护环境质量的作用。

（3）税收优惠和补贴。

税收优惠与补贴是一种激励型政策工具。在理论上，补贴为解决环境问题提高激励。然而，实践中许多补贴可能造成经济上的低效率和环境损害。

我国通过税收优惠和补贴来激励企业进行污染减排。例如，2002年制定的《清洁生产促进法》中规定，对利用废物生产产品的和从废物中回收原料的，按国家有关规定减征或免征增值税；企业用于清洁生产审核和培训费用，可列入企业经营成本扣减。2005年制定的《可再生能源法》规定，对列入国家可再生能源产业发展指导目录、符合信贷条件的可再生能源开发利用项目，金融机构可以提供财政贴息的优惠贷款；给予税收优惠。

2008年政府进一步推动绿色信贷、绿色税收等政策的实施和深化，以减轻经济增长的环境代价。例如，对减排设备、环保设备的所得税和增值税优惠，对符合环保要求综合利用产品的增值税优惠，对脱硫副产品、利用医疗垃圾和污泥焚烧发电等给予增值税优惠等政策措施。2009年出台了《关于全面落实绿色信贷政策进一步完善》等规章制度。

政府利用财政补贴推广高效照明产品，并在北京、上海重庆等13个城市开展节能与新能源汽车示范试点。2009年出台的"太阳能屋顶计划"，对建筑上安装太阳能发电装置的业主给予每瓦20元不等的财政补贴。

3. "信息披露和公众参与"型环境规制政策

"信息披露和公众参与"型的环境规制政策试图利用环境规制政策制定中的规制主体与客体之间的关系，通过提高规制的效率到达治理环境污染的目的。

（1）信息披露。

信息披露机制是指环境规制政策相关机构向投资者、消费者以及社会大众等公开相关企业和产品的信息，而投资者、消费者以及社会大众通过了解企业的污染信息，通过市场、执法部门、环保组织来约束企业行为达到治理环境污染的目的。对于投资者来说，通过企业环境的信息披露了解其污染治理水平，在政府采取较严格的环境规制政策条件下，污染治理水平较好的企业面临较低的污染治理成本的投入，从而对企业利润产生较小的影响，因而投资者愿意继续对该企业进行投资，购买该企业股票。对于消费者来说，通过信息披露消费者了解其所购产品污染物含量或该产品的消费对社会造成的污染程度，因而信息的披露将影响消费者的购买行为，消费者更倾向于购买污染物含量低，对社会危害小的商品。此外，通过环境污染信息披露使公众对企业污染水平有了直观的认识，污染小的企业更容易得到社会和公众的认可。这意味着企业未来有着较好的发展前景，资本资源和劳动力资源向发展较好的领域流动。因此企业会获得更多的劳动力资源，有利于企业降低劳动力成本。1989年颁布的《中华人民共和国环境保护法》（以下简称《环境保护法》）在第2章第11条就指出，"国务院和省、自治区、直辖市人民政府的环境保护行政主管部门,应当定期发布环境状况公报"。《环境保护法》第 4 章第 31 条作出规定,"因发生事故或者其他突然性事件,造成或者可能造成污染事故的单位,必须立即采取措施处理,及时通报可能受到污染危害的单位和居民,并向当地环境保护行政主管部门和有关部门报告,接受调查处理。"

在实践中,我国信息披露的具体工具分为三种:环境标签、信息公开和环境认证。

环境标签是用于公布产品信息的,通常由独立的机构设定相关标准,并对符合环境标签技术标准的产品进行认证,企业可以自愿申请。

环境认证是环境管理工具的标准化产物,按照统一的标准对企业的管理结构和运营状况进行认证,以促进企业环境绩效的改进。当前,中国的环境认证有ISO14000 认证和环境产品标志认证。1996 年国家环保局成立环境管理体系审核中心,并开展 ISO14000 系列标准的宣传、培训和认证试点。1999 年开展ISO14000 国家示范区活动,吸引许多工业开发区、高新技术开发区参与。截至 2007 年年底 ISO14000 国家示范区已有 32 个。环境管理体系认证有助于提高企业、工业区环境管理水平和竞争力。

在环境产品认证上,我国发布《关于环境保护产品实行认证的决定》(1996年)、《无公害农产品管理办法》(2000)、《关于加快绿色食品发展的意见》(2000)、《环境保护产品技术要求》(2009) 等环境产品认证规定。截至 2009 年年底,通过中国环境标准认证的产品已达 70 多个大类,1600 多家生产企业,约 10000 种规格型号的产品,年产值超过 1000 亿元。

2009 年发布第 4 期《环保标志产品政府采购清单》,政府绿色采购产品种类由 19 类增至 21 类,有 700 多家企业生产的 8000 多个规格型号的产品被列入政府采购清单。这不仅得到社会公众的认可和欢迎,成为人们选择绿色产品和环保产品的依据,而且有助于促进和引导绿色产品的发展。

我国的环境信息公开在学习、借鉴国外经验的基础上主要通过自上而下来推动的,这一点与西方社会自下而上推动环境信息公开的特征有较大的不同。环境信息公开主要针对公司,由政府部门收集处理公司的相关信息后将其公布，或以信息为基础对公司进行评级并将评级结果公开，激励企业改善环境质量。自 2007 年以来，国家环保部组织制定"双高产品"①名录，截至 2009 年初，先后制定了 3 批名录，形成包含 290 余种产品总名录，并提供给有关职能部门。"双高"产品名录已成为国家制定和调整出口退税、加工贸易、信贷调控、安全监管等重要环保依据。根据这个名录，财政部和税务总局调整出口退税目录；商务部继续限制"双高"产品的加工贸易；国家安监总局转发"双高"产品名录，要求各地制定安全监管政策措施时，限制"双高"产品安全生产的市场准入。

我国环境信息披露机制处于试行阶段，在此过程中存在一些问题：首先，该机制对最终消费品和可见污染物影响较大，对生产的初期和中间环节影响较小；其次，该机制主要对教育程度较高较发达的地区作用显著；最后，要使其发挥良好的作用，需以规制标准合理为前提，否则由该机制带来的高费用会导致高社会成本。

（2）公众参与。

公众参与是政府通过制定一系列法律法规来保障公民拥有参与环境保护的权利，提高环境规制政策实施效率。《环境保护法》第 1 章第 6 条中明确规定，"一切单位和个人都有保护环境的义务，并有权对污染和破坏环境单位和个人进行检举和控告"。《国务院关于环境保护若干问题的决定》（国发［1996］31 号）指出，"建立公众参与机制，发挥社会团体的作用，鼓励公众参与环境保护工作，检举和揭发各种违反环境保护法律法规的行为。报纸、广播、电视等新闻媒介，应当及时报道和表彰环境保护工作中的先进典型，公开揭露和批评污染、破坏生态环境的违法行为。"《环境信访办法》（国家环境保护总局令第 34 号）也规定，"信访人可以提出以下环境信访事项：检举、揭发违反环境保护法律、法规和侵害公民、法人或者其他组织合法环境权益的行为；对环境保护工作提出意见、建议和要求；对环境保护行政主管部门及其所属单位工作人员提出批评、建议和要求。"2008 年通过的《循环经济促进法》中新增"公众

---

① "双高"产品是指高污染、高环境风险的产品。

参与"等内容。《环境影响评价法》中明确规定公众参与环境影响评价；应通过论证会、听证会或其他形式，征求有关单位、专家和公众的意见。目前我国公众参与环境规制工具取得了长足的进展，但要真正实现有效的公众监督作用尚有很长的路要走。

从表3-6可以看出，我国的环境规制政策主要是以"命令与控制"环境规制政策为主，"基于市场型"的环境规制政策为辅的政策模式。"信息披露和参与机制"型环境规制政策虽然也有涉及，但大多数处于试点阶段。我国公布的多个环境标准已经成为环境规制的重要参考标准，政府实施的企业关停并转、设备更新改造等措施也具有较强的强制性。来自排污权交易等制度则由于市场规模较小，还处于起步阶段，不过未来将得到广泛的应用。我国"信息披露和参与机制"型环境规制政策涉及的政策工具较少，公众缺乏对环境权制度和公益诉讼制度的认识，使社会舆论机制和公众监督机制没有发挥其应有的作用。政府实施的清洁生产方式仍处于试点阶段，只有环境标志和ISO14000认证初步发挥出作用。

表3-6　　　　　　　　目前中国常用的环境规制政策

政策类别		实施时间
命令-控制型	环境影响评价制度	《建设项目环境保护管理条例》》（1998.12）
		《中华人民共和国环境影响评价法》（2003.09）
		《建设项目环境影响评价分类管理名录》（2008.10）
	"三同时"制度	《关于保护和改善环境的若干规定》（1973年首次提出）
		《关于加强环境保护工作的报告》（1976年重申该项制度）
		《中华人民共和国环境保护法》明确规定（1979、1989年）
	污染物总量控制制度	《大气污染防治法》第15条（2000.09）、《水污染防治法》第18条（1984.11）、《海洋环境保护法》第3条（2000.04）
	排污许可证制度	《水污染物排放许可证管理暂行办法》（1988.03）、《水污染防治实施细则》（1989.07）、《水污染防治法》（2008.06）
	限期治理	《中华人民共和国环境保护法》第18条、29条规定
	关停并转	《国务院关于环境保护若干问题的决定》（1996.09）

续表

政策类别		实施时间
基于市场型	环境保护税	《中华人民共和国环境保护税法》（2018.01）
	排污收费	《征收排污费暂行办法》（1982.07）、《排污费征收标准管理办法》（2003.07）
	排污权交易	1987年开始试点，《关于开展"推动中国二氧化硫排放总量控制及排污交易政策实施的研究项目"示范工作的通知》（2002.03）
信息披露与公众参与型	信息公开	《中国环境状况报告》（自1989年编发）、《关于企业环境信息公开的报告》（2003.09）
	环境认证	中国环境标志产品认证委员会（1994年正式成立）、中国环境管理技术委员会（1995年成立）、环境管理体系审核中心（1996年成立）、ISO14000系列标准等同转化为国家标准（1996.10）
	公众参与	《水污染防治法》第5条（1996年）、第10条（2008年）、《大气污染防治法》第5条（1995年、2000年）

资料来源：由陈红枫等．污染管制效率与交易成本［M］．中国环境科学出版社，2011：53-93整理。

3.2.3.3 中国环境规制存在的问题

虽然近年来中国环境规制体系不断完善，但也存在着一些不可忽视的问题。

1. 规制体制中职能交叉、权责不清

长期以来，中国的环境规制在实践中基本上是针对单项污染防治和单项资源要素保护进行的，缺乏对环境的全面规制和对资源的整体保护，形成了各部门多头管理的混乱局面。各部门之间分工不清楚，权责不明确，职能相互交叉，导致部门之间协调困难，严重影响到政府的环境执法工作。例如，按照现行生态环境法律、法规的规定，中国环境资源管理体制上人为地分割为土地、农牧、矿产、林业、水利等众多部门和行政区划。这些产业部门和行政区划的第一职能并不是保护环境资源，而是通过开发利用自然资源创造经济效益，因而必然与环保部门发生权利冲突。环境规制政出多门、职责不清的后果是很多部门经常从部门利益出发，对本部门有利可图的，往往互相争夺审批、发证、收费、处罚、解释等权限，而无利可图的则往往无人愿意负责，互相扯皮、推诿，人为造成许多工作漏洞，环保部门"统一监督管理"的职能在很大程度上被肢解和架空,其职能根本无法落实。在对重大环境污染和资源破坏事件中,中国不得不由国务院牵头,成立环保领导小组,组织和协调各部门的环境保护行政工作。但这种方式具有临时性,主观性和滞后性,只是一时的权宜之计,往往对经济发展造成"硬伤",不利于环境资源的可持续利用和社会公共利益的保护。

随着环境规制体制的变迁,中国的环境规制机构设置,进行了一定的调整和改革。环境规制体制正在经历"自上而下"集权式向综合管理过渡阶段,环境规制机构改革按其运行模式,垂直方面自上而下,横向方面各部门间进行机构设置改革。但是,环境规制相关的各部门各自为政,机构设置多有重叠,造成职能的交叉和重叠。环境规制机构的重叠设置主要表现在以下两个方面:首先,纵向方面,中央层次的机构改革及时有效,而地方的环境规制机构改革相对滞后。部分地区县市区至今仍保留了城建环保一体化机构设置模式,造成纵向的规制机构重叠。其次,横向方面,如在国家环境保护部已经设置专门的自然保护司基础上,国家林业局也设置了野生动植物保护司。这就造成了横向的规制交叉及规制部门的重叠,导致规制"越位"和"缺位"问题严重。

2. 规制法规体系不健全

(1) 规制体系、制度和方法陈旧。

转型期由于中国制度变迁的渐进性,一些社会性规制模式明显落后于社会经济发展的要求。在环境规制方面,受 20 世纪 80 年代"宜粗不宜细"的立法原则影响,《环境保护法》的规定过于原则、抽象,可操作性较差,又缺乏预见性,难以适应今天环境保护工作的需要。在规制制度与方法上,中国环境规制主要采用政府的行政控制手段来解决环境问题,过分倚重政府行政干预手段,忽视市场调节机制,采用典型的以政府规制为中心的"命令—控制型"环境行政制度,而对于以市场为导向的经济激励型规制手段运用不足。这种制度设计方式导致不可能重视市场对环境资源的基础性配置作用,也不可能关注"权力—权利"的平衡和注重社会公共利益与个人利益的平衡。市场主体对于环境资源的不同利益需求及自主选择、自主决定权未得到应有的尊重,市场主体的环境保护的积极性与主动性得不到引导和发挥。① 可见，中国环境规制法律、制度及方法都无法适应目前环境规制和经济发展的需求，在一定程度上阻碍了中国经济发展模式的转型。

（2）立法不协调并相互冲突。

目前，中国环保方面的法律规定（尤其是地方性的法律规定）过于零散混乱，缺乏统一的立法规划，不同法律、法规之间的不协调问题比较突出。其中包括基本法与单行法、单行法与实施细则、国家法与地方法以及环境法与其他相关法之间，均存在着不够协调的问题，某些方面的规定甚至相互矛盾和冲突。例如，《环保法》第37条规定，"未经环保行政主管部门同意，擅自拆除或闲置防治污染的设施，污染物排放超过规定的排放标准的，由环境保护主管部门责令安装使用，并处以罚款"。从该条文的表述来看，如果排污单位没有擅自拆除或闲置防治污染的设施，其超标排放污染物行为并非违法。但是，依据《标准化法》及其《实施细则》的规定，环境保护的污染物排放标准属于"强制性标准"，而"强制性标准，必须执行"。因此，超标排放污染物行为无疑又是违法行为。类似法律规定之间互相矛盾的情况，在中国的环境立法中并不少见。由于立法上的冲突，实践中常常让人无所适从和难以抉择，导致守法和执法领域的混乱与困难。

3. 规制方式的非对称性

目前，中国市场化规制方式运用的少，而且存在较大的问题。在环境规制方面，排污费（税）、排污权交易及生态补偿机制等是目前普遍使用的基于市场的规制方式。

中国的排污收费制度始于改革开放之初，1979年通过的《环境保护法（试行）》从法律上确立了中国的排污收费制度，1982年国务院颁布的《征收排污费暂行办法》标志着中国排污收费制度正式建立，2003年国务院颁布的《排污费征收使用管理条例》是中国的排污收费制度逐步完善（别涛、赵柯，2004）。新的《排污费征收使用管理条例》构筑了以总量控制为原则、以环境标准为法律

---

① 吕忠梅. 中国需要环境保护法、法商研究，2004（6）.

界限的新排污收费框架体系。经过20多年的实践证明，排污收费制度在促进企业污染治理、筹集污染治理资金、加强环境保护能力建设和严格环境监察执法等方面都起到了十分重要的作用。但从实践情况看，现行排污收费征收标准偏低，没有充分考虑沿海与内地、东部与中西部地区之间的差异，灵活性较差。排污申报和排污费的征收不规范，环境规制部门往往没有按照准确的排污数据计算排污费，存在协商收费甚至是人情收费。排污费收缴也较为被动，主要依靠企业主动上门缴费，如果一旦出现由企业拒缴或者拖欠缴费的情况，就会影响排污收费工作的进行。排污费的征收不足额，不能弥补污染治理成本，排污费使用也缺乏激励。

在排污权交易方面，排污权的交易市场不健全，交易的主体单一。从中国的排污权交易实践来看，参加排污权交易的一般为地区的污染大户，它们之间并不是真正意义上的市场交易，而一般都是在环保部门的安排下进行。中国排污权交易市场的基础信息寻求费用过高，环境规制部门监测与执行费用过高，而且存在着逐案谈判的问题，从而间接导致了整个排污交易市场的无效率。费用的偏高挫伤了交易主体进行交易的积极性，影响了整个排污权交易体系，使交易成功率下降，妨碍排污权交易制度的发挥。

生态补偿机制方面，目前生态补偿的融资渠道主要是财政转移支付和专项基金两种方式。其中，财政转移支付使生态补偿主要的资金来源，纵向转移支付在财政转移支付中占绝对主导地位。这种主要由中央政府买单的方式显然与"受益者付费"的原则不协调，政府面临着巨大的财政压力，同时政府纵向投入的资金分散于各区域、资金运用低效率，大大影响了生态补偿机制的实施效果。生态补偿的标准普遍偏低，补偿范围过窄，缺乏对农民、牧民、企业团体和各级地方政府的意愿和希望的考虑，其结果必然导致农民响应并参与生态保护的积极性降低，生态补偿机制就难以发挥其应有的效应。

4. 地方保护主义严重

近年来，在环境行政执法实践中存在着一系列的行政异化现象，其职权行使偏离了环境行政目标和行政法制原则。地方保护主义把本地区的行政权行使同国家行政总权割裂开来，从自己地区的狭隘利益出发，在行政执法实践中对自己主管下的企业、组织和其他经济实体采取有意偏袒和不支持的态度，不与环境行政机关合作。对其他行政地区行使职权采取不合作、不支持、不协助的消极对策。一些地方政府和部门甚至知法犯法，做出明显违反环境法律规范的经济发展决策。个别政府部门领导的环境意识和环境法制观念极其淡薄，为了追求地方经济总量和发展速度而千方百计阻碍环境主管部门的行政执法，甘愿充当污染企业的"保护伞"。而且这一问题因最大的污染企业许多是国有企业的事实变得更加严峻（Lo et al., 2006）。地方保护主义的存在导致环境规制大量未执行，Winalsiki（2009）研究发现，尽管1996~2000年排放许可发行量增加了两倍，但仍然远远落后于可知的污染企业的数量。Stokoe和Gasne（2008）发现最大的惩罚往往远低于环境遵循的成本。

3.3 中国工业环境规制实施强度分析

3.3.1 环境规制强度测算的研究现状

由于环境政策的后果是如此严重，关于这一主题已有大量的文献。许多文献都认为，衡量环境规制严格程度的主要挑战与数据收集有关（Brunel and Levinson，2017）。然而，环境规制变量数据难以获得且数据质量相对较弱，对经验研究造成了一定的困难（Busse，2004；陆旸等，2009）。一方面是由于环境规制政策的制定依赖于一个国家或地区法律完善和制定程度；另一方面，它依赖于这些国家（地区）实施有关法律的意愿程度以及其产业结构能否与其适应。同时由于不同产业之间环境保护数据的统计标准不同、统计口径和统计时间存在着较大的差异，因此可比性不高。此外，由于某些数据收集整理较为困难，估计值可信度不高，使最终的研究结果失去意义。因此，为了得到有效的结论，国内外学者采用各种方法，对现有数据进行筛选、鉴别，希望找到较为准确的变量对环境规制进行度量。综合已有的文献，学者们对环境规制的量化方法的探索主要有四类：单一指标法、替代指标法、赋值法、综合指标法。具体内容见表3-7。

表 3-7　　　　　　　　环境规制强度的衡量方法和指标

衡量方法	指标选取	研究者
污染治理支出和成本	污染治理设备运行成本	Jaffe 和 Palmer（1997）、Lanjouw 和 Mody、Gray 和 Shadbegian（2005）、Berman 和 Bui（2001）
	污染治理设备投资	Laonie、Patry 和 Lajeunesse（2001）、Dufour（1998）、Laonie、Patry 和 Lajeunesse（2008）
	污染治理设备投资和运行成本	Jorgenson 和 Wilcoxen（1990）、Arimura、Hibik 等（2006）
	污染治理设施运行费用	赵红（2007）、张成等（2010）、Yang 等（2012）
	污染治理项目完成投资	杨涛（2003）、吴玉鸣（2006）、应瑞瑶（2006）
环境管理情况	规制机构检查和监督次数	Telle 和 Larsson（2004）、Conrad 和 Wastl（1995）、Boyd 和 McClelland（1999）
污染排放情况	规制下的污染排放量	Sancho 等（2000）Domazlicky 和 Weber（2004）
替代指标	人均 GDP	Antweiler（2001）
	人均收入水平（GNI）	陆旸（2009）
	单位 GDP 的能源消耗（Energy/GDP）	傅京燕（2006）
	能源效率（GDP/Energy）	Sonia Ben Kheder（2008）
	环境规制的执法强度	李钢（2010）
赋值法	对一国或地区的环境规制程度从 1 到 17 进行赋值	van Beers 和 van den Bergh（2000）、李昭华（2009）
综合指标	污染治理支出与检查和监督活动	Gray（1987）、Brunnermeier 和 Cohen（2003）
	污染排放强度、污染处理率、污染排放达标率、污染设施状况和环境管理情况	赵细康（2003）
	能源密度水平、无铅汽油的市场份额、废纸回收率、废玻璃回收率、保护区占国土面积的百分比、与污水处理工厂相关的人口比例、能源密度变化	van Beers 和 van den Bergh（1997）
	能源效率（GDP/Energy）、每 10 亿美元 GDP 获得 ISO14001 证书的企业数、每百万人口中非政府组织 INGO 的成员数、政府签署的多边环境协议的数量	Sonia Ben Kheder（2008）
	各国环境政策、环境立法、环境执法报告	Dasgupta（1995）、Eliste 和 Fredriksson（2001）
	空气、水、土地以及生物资源环境绩效	Xu（2001）
	通过 12 个变量计算出环境监管指标	Busse（2004）、陆旸（2009）

资料来源：根据有关文献整理。

可以看出，目前学者们关于环境规制的度量没有建立统一衡量方法，Brunel 和 Levinson（2017）认为，已有方法得到的数据会从更深层面上面临着概念上（和计量经济）的问题，包括：（1）多维性：环境法规强度不能简单地用一个词"强度"来衡量；（2）同时性：规章制度会影响排放的等级，但是排放物等级会作为确定规则强度的一个抽象因素，因此，例如污染最严重的管辖区域会实施最严格的管理制度；（3）产业结构问题：在行业污染加重的地方，平均来说会实施更严格的监管；（4）资本库存的成本耗费：对于新的污染源，监管标准通常更为严格，这可能导致企业将老工厂运营更长时间，从而影响环境、经济以及监管严格的措施。

学者们更倾向于采用污染治理支出和成本，作为环境规制强度的衡量指标。原因在于，当企业面临较严格的环境规制时，会花费较多的支出和成本在污染治理上，也就是说，污染治理成本和支出会随着环境规制强度的提高而增加，所以使用污染治理支出和成本能较好地反映产业面对的环境规制强度。鉴于该指标的优越性，后面我们选用该指标来衡量中国工业 37 个细分行业的环境规制水平。

3.3.2 中国工业环境规制强度测算

借鉴已有的研究成果（赵红，2007；张成等，2010；Yang et al.，2012），我们使用工业污染治理设施运行费用（成本）作为环境规制强度的衡量指标。我们之所以选择污染治理运行成本而不是污染治理设备的投资，是因为目前的生产会受到全部污染治理成本的影响，而不仅仅是一年的治理资本支出影响。而污染治理运行成本包括已经存在的污染治理投资的折旧和分摊，可以看成是污染治理的全部成本。由于对于不同生产规模的工业行业，相同污染治理成本的意义是不同的，对工业行业的成本负担而言也不同。所以衡量环境规制强度必须考虑工业规模的差异，我们将污染治理成本除以工业产值以消除这种差异，即以每千元工业产值的污染治理成本（千元/元）作为环境规制强度的衡量指标。环境规制强度的计算公式为：

$$环境规制强度(ER)(千元/元) = (污染治理成本 \div 工业总产值) \times 1000 \quad (3.4)$$

由于《中国环境统计年鉴》中没有分行业工业固体废物治理费用的相关数据，我们使用各产业废水和废气污染治理设施当年运行费用之和，作为各工业行业污染治理的总成本，因此，我们计算的各工业行业污染治理总成本没有包含固体废物的治理成本。但从国外的数据来看，工业固体废物的治理成本相对于废水和废气的污染治理成本是较低的，这一数据缺失对我们实证分析的影响不会很大。环境规制强度的具体计算公式为：

$$环境规制强度(ER)(千元/元)=(工业废水治理设施本年运行费用\\+工业废气治理设施本年运行费用)\div 工业总产值\times 1000 \quad (3.5)$$

根据 2004~2012 年的《中国环境统计年鉴》《中国工业经济统计年鉴》，由式（3.5）测算出了我国 37 个工业细分行业的环境规制强度，有关 37 个工业行业环境规制强度的测算结果见附录 C。

在 3.1.4 小节对 37 个工业行业基于污染排放强度进行行业划分的基础上，本书利用各行业 2003~2011 年环境规制的平均值绘制了三大类别工业行业的环境规制变化趋势，如图 3-11 所示。

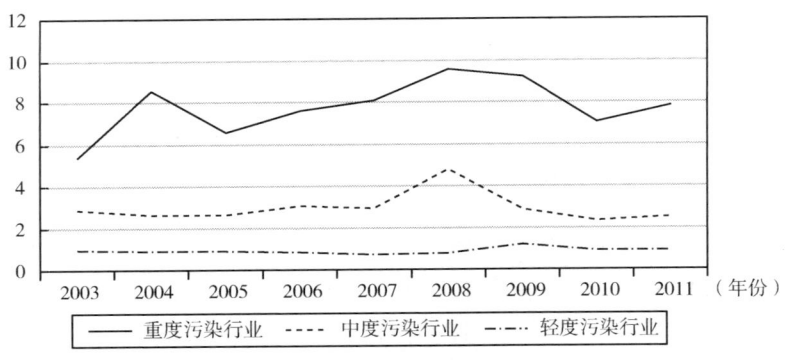

图 3-11 2003~2011 年三大类别行业环境规制变化趋势

由图 3-11 可以看出：

①不同污染排放强度工业行业的环境规制水平存在较大差距，重度污染行业的环境规制强度较中度污染行业及轻度污染行业相对较高；②重度污染行业的环境规制与整体环境规制变化趋势基本吻合，呈现上升的趋势，表明重度污染行业

的环境规制日益严格；③中度污染行业的环境规制水平也不断加强，但上升幅度很小，表明中度污染行业的环境治理没有得到应有的重视；④轻度污染行业的环境规制水平基本保持稳定，主要的原因是轻度污染行业的工业污染排放量较少，因而环境规制一直维持在较低的稳定水平。上述结果的出现与中国长期重视纺织业、造纸业以及煤炭采选等重度污染行业的环境治理，却忽视食品制造、皮革毛羽制品业等中度污染行业的环境治理政策有关，说明中度污染行业的大量污染物仍以未处理的方式排出，没有得到应有的治理，中度污染行业的环境治理今后需要进一步加强。

第4章

环境规制对工业企业技术创新的影响

环境规制对技术创新的影响是一个长期持续的、直接影响和间接影响效应同时并存的过程。环境规制不仅会通过污染治理成本增加、绿色财政补贴政策制定等方式直接影响企业的技术创新行为,而且会通过外商直接投资、企业规模、人力资本、企业出口等间接渠道对企业技术创新产生影响。本章将从直接影响和间接影响两个角度分析环境规制对企业技术创新的影响机理,并采用计量方法进行实证研究,以期全面地揭示环境规制对我国工业企业技术创新的影响效应。

4.1 环境规制对工业企业技术创新的直接影响

4.1.1 理论分析与研究假设

在借鉴已有文献(蒋伏心等,2013)的基础上,本章认为环境规制措施的实施会通过污染治理成本增加、产业财政补贴政策制定、对一般研发资金的挤出和对投资的挤出等方式直接影响工业企业的技术创新行为。环境规制对工业企业技术创新既有正面的"补偿效应",也有负面的"抵消效应",环境规制对企业技术创新的影响是两种效应综合作用的结果,如图4-1所示。

第 4 章　环境规制对工业企业技术创新的影响

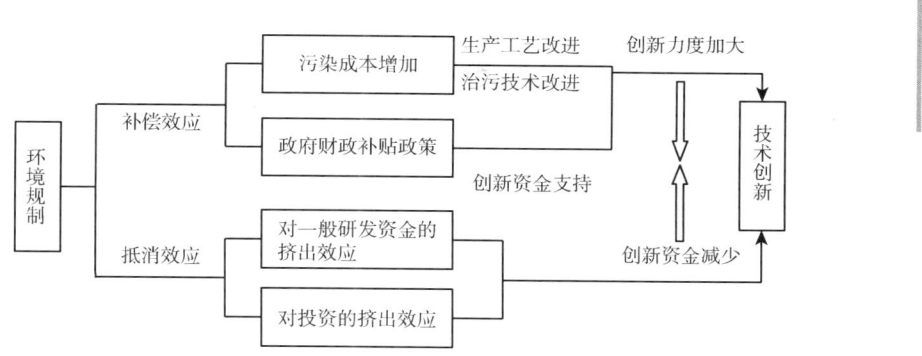

图 4-1　环境规制对企业技术创新的直接影响机理

（1）政府实施严格的环境规制措施，对工业生产企业产生的废水、废气、固体废物等污染物进行排放水平的限制，要求企业必须实行严格的环境保护手段或者通过采取污染治理技术，减少污染物排放水平，这将导致企业污染治理成本的增加。在污染治理成本的压力下，企业作为利润最大化的追求者，为了控制污染排放，必须通过技术创新改进其中间生产工艺或末端治污处理技术，以减少生产中的污染排放量，提高污染治理能力。由于企业生产工艺的改进，提高了企业的收益，可以支付污染治理成本，最终减缓或抵消政府环境规制给企业增加的环境成本，称为环境规制的"创新补偿效应"。因而，严格的环境规制能激励工业企业加大技术创新力度，以应对环境规制所带来的污染治理成本的增加。

（2）政府为配合环境规制的有效实施，必然制订相应的财政和产业政策对企业技术创新进行一定的扶持，这将有助于解决企业创新资金不足的问题。例如，政府会制订鼓励工业企业从高能耗高污染向低能耗低污染升级的产业政策，对企业技术改造进行资金、政策支持，从而会推动企业的技术创新。政府会制订包含环境成本的能源价格政策，或者对新能源、新材料的使用给予一定的财税补贴优惠，这一系列政策措施会对企业的环境技术创新产生推动作用。另外，政府在环境政策中也可以通过更多地运用"基于市场"型的政策，如税收优惠和补贴，以促进企业的环境技术创新。

（3）环境规制也会给企业技术创新带来不利影响，即"创新抵消效应"。一是创新资金的挤出效应。企业进行新产品或新工艺创新需要大量的研发资金投入，而要达到政府环境规制设定标准的要求，要求企业将有限的资金包括一般研发资金（非环境研发资金）转移到生产污染的治理领域中，减少了企业一般研发资金的投入，从而削弱企业一般的技术创新能力。二是企业投资的挤出效应。根据"污染天堂"假说，严格环境规制下的企业由于生产运行和投资成本增加，导致企业在市场竞争中削弱其原有的竞争力，企业会倾向于选择环境规制水平较弱的地区进行生产和投资的重新布局，实施污染产业的转移，减少企业在原生产地的生产投资和创新投入规模，从而造成企业投资的挤出效应。

因此，环境规制对企业技术创新的影响取决于环境规制给企业带来的"创新补偿效应"和"创新抵消效应"两者的大小比较，如果前者大于后者，则环境规制能促进企业的技术创新，反之，则环境规制不利于企业的技术创新。

关于环境规制对企业技术创新的直接影响，国外已有大量的研究文献，这些文献都基本得出环境规制与创新之间存在正向关系的结论，尽管认为两者联系的强度不同。Lanjouw 和 Mody（1996）在美国公众环保意识不断增强的背景下，首先提出了 20 世纪 70 年代和 80 年代美国环境创新与扩散的证据，通过利用全国 R&D 支出和专利数，他们发现环境保护的增强促进了新污染控制技术的发展。Jaffe 和 Palmer（1997）采用 1973～1991 年美国二位数和三位数的工业行业数据，检验了以排污费来衡量的环境管制对行业 R&D 支出和专利申请数的影响，发现环境管制显著增加了工业行业的 R&D 支出，但对专利申请数的影响则不显著，他们的研究结论表明，更加严格的环境规制显著地促进了美国制造业的 R&D 活动。Hamamoto（2006）考察了日本 1960～1970 年快速工业化期间严格环境规制潜在的 R&D 引致效应。产业层面的研究发现污染控制的资本成本对 R&D 支出有积极的影响，支持了基于命令控制方法的环境规制能激发日本制造行业 R&D 活动的观点。另外，通过考察与环境有关的专利成功申请，Brunnermeier 和 Cohen（2003），Popp（2003，2006），Arimura、Hibiki 和 Johnstone（2007），Johnstone、Hascic 和 Popp（2010），Lanoie 等（2011）以及 Lee、Veloso 和 Hounshell（2011）都发现与环境规制的积极关系。最近的研究，Yang 等（2012）用 1997～2003 年的工业水平数据集验证了更严格的环保法规将促使企业进行技术创新。Kneller 和 Manderson（2012）使用广义矩方法发展的动态面板数据模型，分析了环境规制对创新的影响，结果表明，污染治理压力促进企业进行环境研发和环境资本投资。

国内学者关于环境规制对企业技术创新的影响研究，多数文献也是支持两者正向关系的。黄德春和刘志彪（2006）在 Robert 模型中引入技术系数考察环境治理与生产效率的关系，研究发现，环境规制提高企业成本费用的同时也在一定程度上激励了技术创新。赵红（2007）分析了环境规制对技术创新的影响机制。研究结果表明：环境规制强度与 R&D 支出和专利申请数量呈正相关关系，说明环境规制在中长期上会促进我国产业的技术创新。李强和聂锐（2009）的研究结果显示，环境规制对核心创新指标产生了显著的正向效应。黄平和胡日东（2010）对环境规制与造纸及纸制品企业的技术创新关系进行实证研究，结果显示环境规制与技术创新之间呈现相互协调的促进关系。蒋伏心等（2013）研究表明环境规制与企业技术创新之间呈现先下降后提升的"U"形动态特征。

通过前述分析，本书提出相对应的研究假设：

H1：在其他条件保持不变的情况下，环境规制与企业技术创新正相关。

（4）由于在严格的环境规制下，重度污染行业必然会成为政府重点监管的对象，为了达到政府规定的污染减排要求，重度污染行业会比中度污染行业和轻度污染行业面临更大的环境技术创新压力，因此，环境规制对重度污染行业企业技术创新的刺激作用最大，本书提出假说：

H2：在其他条件保持不变的情况下，环境规制对企业技术创新的影响存在着行业差异，环境规制对重度污染行业技术创新的促进作用要大于中度污染行业和轻度污染行业。

4.1.2 模型设计、变量定义和数据来源

4.1.2.1 模型设计

为了考察环境规制对技术创新的影响，本书采用 Hamamoto（2006）两阶段方法。Siddharthana 和 Agarwal（1992）、Grabowski 和 Vernon（2000）、Coad 和 Rao（2010）认为，技术创新活动与公司特征、市场条件和产业因素有关。由于本书的研究对象是产业层面，并考虑到我国工业部门经济开放程度较高，我们集中分析产业特点（IND）、外资及出口影响（INT），特别是环境规制（ENV）等

因素对工业行业技术创新活动的影响,即:

$$I = (ER, IND, INT) \quad (4.1)$$

其中,I 代表工业行业技术创新,以 R&D 支出强度作为技术创新的衡量指标。

根据"结构—行为—绩效(SCP)"的机制模型,并借鉴参照以往的研究(Siddharthana and Agarwal,1992;Grabowski and Vemon,2000;Coad and Rao,2010),将实证模型设置如下双对数形式:

$$\ln RD_{it} = \beta_0 + \beta_1 \ln ER_{i,t-1} + \beta_2 FOR_{i,t-1} + \beta_3 \ln SIZE_{i,t-1} + \beta_4 (\ln SIZE_{i,t-1})^2 \\ + \beta_5 PROFIT_{i,t-1} + \beta_6 HumanCapital_{i,t-1} + \beta_7 EXPR_{i,t-1} + u_i + \varepsilon_{it} \quad (4.2)$$

式(4.2)中变量下标 i 代表不同工业行业,下标 t 代表不同的年份。RD_{it} 表示 i 工业行业在 t 年的 R&D 支出强度。ER_{it} 表示 i 工业行业在 t 年的环境规制强度,为解释变量。FOR_{it} 表示 i 工业行业在 t 年的外资参与程度;$SIZE_{it}$ 表示 i 工业行业在 t 年的企业平均规模;$EXPR_{it}$ 表示 i 工业行业在 t 年的开放水平;$PROFIT_{it}$ 表示 i 工业行业在 t 年的行业利润率;$HumanCapital_{it}$ 表示 i 工业行业在 t 年的人力资本水平,皆为控制变量。C 为不随个体变化的截距;u_i 为个体效应;β 为待估参数;ε_{it} 为随机误差项。

Jaffe 和 Palmer(2007)、Hamamoto(2006)和 Yang(2012)认为在环境规制与 R&D 活动之间存在时间滞后期。借鉴上述学者的研究方法,本书在滞后一期的情况下考察环境规制对技术创新活动的影响。同时,为避免结构—行为—绩效(SCP)范式产生内生性问题,所有控制变量也都采用了滞后一期的形式。

4.1.2.2 数据来源与变量定义

本章研究样本为中国工业 37 个二位数行业(剔出了数据严重缺失的"其他采矿业"和"废弃资源和废旧材料回收加工业"),样本收集时段为 2003~2011 年,研究数据来源于《中国统计年鉴》《中国工业经济统计年鉴》《中国科技统计年鉴》《中国环境统计年鉴》。

(1) 技术创新的度量。在 20 世纪 60 年代,许多研究者把创新看成是研究、开发、生产、销售的一个线性过程。按照这一模式,创新活动水平的高低,取决于创新的投入水平,即 R&D 水平和科研人员的数量。出于这样的认识,许多学者采用 R&D 投入水平和科研人员数量作为衡量创新能力的指标。考虑到指标的可获得性,本书采用各行业的研发投入经费作为衡量技术创新能力的指标,研发投入资金越多,代表企业的技术创新能力越强。

(2) 环境规制的度量(ER)。对于环境规制强度(environmental regulation intensity)变量的测量,无法用一个很准确的变量来度量环境规制的程度,同时由于环境规制变量数据较难获得且数据质量相对较弱,对经验研究造成了一定的困难。目前,国内外学者们更倾向采用企业为执行、落实环境规制而发生的污染治理支出和成本,作为环境规制强度的衡量指标。根据第 3 章对环境规制强度测算的分析,我们选用各行业废水和废气污染治理设施当年运行费用之和,作为各行业污染治理的总成本来衡量 37 个工业行业的环境规制严格程度,随着污染治理成本的增加,环境规制越严格。

$$环境规制强度(ER)(千元/元) = (工业废水治理设施本年运行费用 \\ + 工业废气治理设施本年运行费用) \\ \div 工业总产值 \times 1000 \quad (4.3)$$

(3) 外商直接投资(FOR)。随着中国招商引资规模持续扩大,外资企业已成为中国研发与创新的重要组成部分。在此背景下,本土企业不但要注重提高自身研发能力和吸收能力,而且还需通过加强与外资企业的研发合作,来提高其技术创新能力。此外,人才的流动也有助于外资企业的技术溢出(冼国明、薄文广,2006)。因此,本书选择各行业大中型工业企业中的三资企业工业总资产占比来衡量工业行业外资的参与程度。

(4) 企业规模(SIZE)。企业规模一直是企业技术创新得主要影响因素。一般来说,大企业的规模生产对工艺创新投入的补偿优势以及技术溢出效应对企业集聚的主导作用,在产业技术创新中往往具有不可替代的作用(张杰,2007)。另外,Aghion 等(2005)认为,企业规模和创新两者存在倒"U"形关系。因此,我们在模型中包含企业规模变量的平方项以检验企业规模和创新可能的非线性关系。本书选用各行业大中型工业企业总产值与企业单位数的比值作为企业规模的衡量指标。

(5) 行业开放水平(EXPR)是产业国际影响的变量。行业出口水平反映了一个行业的国际联系程度。国际市场一般而言比国内市场竞争更加激烈。进入国际市场的企业通常会通过 R&D 活动拥有更高的生产率，意味着更高开放水平的行业具有更高的创新倾向（Braga and Willmore，1991）。本书选择各行业大中型工业企业出口总额占产品销售收入的比重来衡量行业出口水平。

（6）人力资本水平（HumanCapital）。人力资本是影响企业技术创新能力的重要因素。企业的技术创新需要高水平的研发人员，企业的技术创新是核心技术人员创造性成果的体现。具有更高强度人力资本的公司将有更多的机会进行技术进步，因而更具有创新性。由于分行业教育水平的指标难以收集，本书选择工业行业 R&D 人员占从业人员的比重表示各行业的人力资本水平。

（7）行业利润率（PROFIT）。行业利润率是绩效指标。充足的研发资金是企业技术创新的必要条件。但是由于金融市场体制仍然不够健全，以及技术创新的高风险特征，使企业外部融资有限，内部资金的支持对企业显得尤为重要。较高的利润率水平不但可以保证企业有足够的留存收益用于技术研发，而且利润率较高的企业对产业发展具有良好的预期，倾向于投入更多的资金从事研发活动。本书引入利润率这一指标，通过测算各行业大中型工业企业利润总额与固定资产净比值来衡量行业的利润率水平。

上述各变量的解释见表 4-1。

表 4-1　　　　　　　　　　主要变量定义

变量名	变量符号	变量定义
研发活动水平	RD	分行业大中型工业企业研究与开发经费支出
环境规制	ER	分行业大中型工业企业工业废水废气治理设施本年运行费用之和与工业总产值的比重
外资参与程度	FOR	分行业大中型外商投资和港澳台商投资工业企业总资产与全部大中型工业企业总资产的比重
工业企业规模	SIZE	分行业大中型工业企业总产值与企业单位数的比值
人力资本水平	HumanCapital	分行业大中型工业企业 R&D 人员占从业人员的比重
开放水平	EXPR	分行业大中型工业企业出口值与销售产值的比重
行业利润率	PROFIT	分行业大中型工业企业利润总额与固定资产净值的比值

由于面板数据具有的两维性，如果模型设定不正确以及由此造成的参数估计方法的不当，将对参数估计结果造成较大的偏差，因此有必要在采用面板数据构

建模型时首先对模型的设定形式进行检验。在实证上我们利用 Hausman 检验方法，确定是选择随机效应还是固定效应模型，若 Hausman 检验值显著则选用固定效应模型，若 Hausman 检验不显著则用随机效应模型，具体结论已在表 4-2 中列明，分析工具为 Stata 12.0。

表 4-2　　　　　　　主要变量的描述性统计

	观测数	均值	标准差	最小值	最大值
lnRD	296	11.94715	1.799005	6.893656	15.74159
ER	296	3.367528	4.125689	0.1774424	24.92525
FOR	296	0.2847631	0.1750119	0.0016101	0.7261481
lnSIZE	296	1.652318	0.9082354	0.3668069	4.722878
(lnSIZE)^2	296	3.55226	4.228183	0.1345473	22.30558
EXPR	296	0.2025623	0.2119342	0.0000252	0.9187366
PROFIT	296	0.2444854	0.1816746	-0.3004414	1.041191
HumanCapital	296	0.015383	0.0120325	0.0008355	0.0526073

4.1.3　实证结果分析

4.1.3.1　总体情况分析

表 4-3 给出了利用线性面板数据模型对方程 (4.2) 的估计结果。通过采用组内估计包括固定效应和随机效应估计以消除个体效应是面板数据模型中的标准估计方法。由于 Hausman 检验统计量在 1% 的水平上显著，表明固定效应模型更为恰当，我们只列出了固定效应模型的估计结果。

表 4-3　　　　　环境规制对工业企业技术创新的直接影响

变量	R&D
常数项	9.2702 (43.02)
ER (-1)	0.0923*** (3.75)
FOR (-1)	1.3778** (2.22)

续表

变　　量	R&D
lnSIZE（-1）	1.9669*** (9.21)
(lnSIZE)² （-1）	-0.2046*** (-4.15)
EXPR（-1）	-2.5798*** (-5.39)
PROFIT（-1）	-0.3807 (-1.42)
HumanCapital（-1）	19.3185*** (2.87)
调整后的 R²	0.6847
豪斯曼检验	30.55 [0.0002]
模型类别	固定效应

注：括号中的数字表示 t 值；***、**、* 分别代表在 1%、5%、10% 水平上显著。

通过分析表 4-3 的回归检验结果，我们发现：

(1) 环境规制对企业的创新活动有显著的促进作用，R&D 投入弹性为 0.0923，说明随着环境规制强度的不断提高，由于污染治理成本占企业总成本不断上升而形成"倒逼机制"，使企业不得不通过增加研发投入来提高污染治理技术和生产工艺，从而达到节能减排和保持利润率得目的，表明我国环境规制对企业技术创新的"补偿效应"要大于"抵消效应"。

(2) 外商直接投资对企业 R&D 的投入有显著的正面影响，R&D 投入弹性为 1.3778，说明了外资的引进有利于制造业行业的技术创新。外资的进入不但带来了先进的技术水平，还会通过示范效应、模仿效应、竞争效应等技术溢出效应促进一国或地区的技术水平的提高（李晓钟、张小蒂，2008）。改革开放以来，外向型经济成为我国经济增长的重要推动力，外资作为外向型经济的主要特征之一，是否会导致我国本土企业被锁定在全球价值链的低端环节，而不利于本土企业的转型升级呢？本书的研究表明，开放型经济发展与经济转型发展是并行不悖的，两者可以实现同步发展。

(3) 企业规模对技术创新具有显著的正面影响，R&D 投入弹性为 1.9669，说明企业的研发投入具有显著的规模效应。这验证了熊彼特（2000）关于企业规模和创新的假设，即大企业与小企业相比，大企业在创新方面具有优势：具有资金保障；能承担风险；在 R&D 上会有规模经济；在过程创新上有优势。值得注意的是，包含企业规模变量的平方项对企业 R&D 的投入具有显著负的作用，R&D 投入弹性为 -0.2046。说明企业规模与创新之间的确存在着倒"U"型关系，因而也验证了 Aghion 等（2005）的观点。

（4）开放水平对技术创新具有显著的抑制作用，R&D 投入弹性为 -2.5798，说明企业的出口并不有利于企业技术创新能力提高。这可能是在我国出口结构中，工业制成品比重远远高于初级产品比重。而且在工业制成品出口结构中，具有优势的多为污染密集型行业，具有高附加值的高新技术产品、环境友好产品在出口中所占的比重较低（戴翔、张二震，2011）。

（5）行业利润率对企业 R&D 的投入具有负面影响，R&D 投入弹性为 -0.3807，但效果也并不显著。这一发现与利润率越高，企业的技术创新能力也越强的观点相反。可能是由于我国工业行业大多带有垄断性质，垄断利润的存在使大部分企业不通过创新也可以获得高利润，从而削弱了研发与创新的动力。

（6）人力资本与企业的技术创新之间具有显著的正相关性。R&D 投入弹性为 19.3184，说明高素质研发人才的引进为企业进行技术创新提供了人才保障，有利于促进企业从事研发活动。

4.1.3.2 污染强度视角的分析

为了更加深入分析环境规制对工业技术创新的直接影响，以期获得更有针对性的研究结论，参考第 3 章基于污染排放强度对 37 个工业行业的划分标准，重新对 37 个工业行业进行了重度污染行业、中度污染行业和轻度污染行业的划分①。从回归结果（见表 4-4）看，Hausman 统计量拒绝了个体随机效应的原假设，因此，分行业的面板模型为个体固定效应。

---

① 重度污染行业包括：煤炭采选（6）、黑金矿采（8）、有金矿采（9）、纺织业（17）、造纸业（22）、石油加工（25）、化学纤维（26）、化纤制造（28）、非金制造（31）、黑金加工（32）、有金加工（33）、电力生产（44）；中度污染行业包括：石油开采（7）、非金矿采（10）、农副加工（13）、食品制造（14）、饮料制造（15）、皮羽制品（19）、文体用品（24）、医药制造（27）、塑料制品（30）、金属制品（34）、交通设备（37）、燃气生产（45）、水的生产（46）；轻度污染行业包括烟草加工（16）、服装业（18）、木材加工（20）、家具制造（21）、印刷业（23）、橡胶制品（29）、通用设备（35）、专用设备（39）、电气机械（36）、通信设备（40）、仪器仪表（41）。

表4-4 环境规制对工业企业技术创新直接影响的污染强度视角分组回归分析结果

变量	重度污染行业 估计值	中度污染行业 估计值	轻度污染行业 估计值
常数项	9.9174*** (29.18)	9.6229*** (27.43)	8.4714*** (21.35)
ER（-1）	0.5959*** (2.98)	0.2599*** (4.30)	0.1298*** (4.17)
FOR（-1）	3.4063** (2.53)	-0.5919 (-0.57)	1.0165 (0.97)
lnSIZE（-1）	0.9495*** (2.95)	1.8940*** (4.55)	2.6179*** (7.86)
(lnSIZE)²（-1）	-0.0588 (-0.76)	-0.0772 (-0.79)	-0.5268*** (-7.47)
EXPR	-4.9998*** (-3.81)	-3.8181*** (-3.54)	-0.6837 (-1.08)
PROFIT	0.1538 (0.54)	-1.7503** (-2.59)	0.4465 (0.62)
HumanCapital	16.1619 (1.44)	-0.1138 (-0.01)	24.1746** (2.63)
调整后的 R^2	0.8116	0.6974	0.8058
豪斯曼检验	24.55 [0.0019]	17.62 [0.0243]	15.19 [0.0556]
模型类别	固定效应	固定效应	固定效应

注：括号中的数字表示 t 值；***、**、* 分别代表在1%、5%、10%水平上显著。

从回归结果看，我们发现：

（1）环境规制对重度、中度和轻度污染行业的企业技术创新都具有显著的促进作用，但效应呈现依次递减，R&D 投入弹性分别为 0.5959、0.2599 和 0.1298，环境规制强度每提高1%，重度、中度和轻度污染行业 R&D 支出分别增加 0.5959%、0.2599% 和 0.1298%，说明相对于中度污染行业和轻度污染行业，环境规制更能促进污染密集型行业的技术创新，环境规制在激励重度污染行业的技术创新中发挥了更重要的作用。

（2）外资参与程度对重度、中度和轻度污染行业的技术创新具有不同影响，外商直接投资对重度污染行业的技术创新具有显著的促进作用，R&D投入弹性为3.4063，说明外资企业更严格的环保标准有利于促进重度污染行业的技术创新；外商直接投资对中度污染行业具有负的作用，R&D投入弹性为-0.5919，但效果并不显著；外商直接投资对轻度污染行业具有正的作用，R&D投入弹性为1.0165，效果也并不显著，可能的原因是轻度污染行业主要是高技术行业，外资的示范效应、模仿效应、竞争效应等技术溢出效应能促进轻度污染行业技术水平的提高。

（3）企业规模对重度、中度和轻度污染行业技术创新均具有显著的促进作用，并且促进作用依次增强，R&D投入弹性分别为0.9495、1.8940和2.6179，说明相对于重度污染行业和中度污染行业，企业规模更有利于轻度污染行业的技术创新，轻度污染行业的企业的研发投入具有更加显著的规模效应。包含企业规模变量的平方项对重度污染行业、中度污染行业和轻度污染行业的技术创新均具有负的作用，但只有轻度污染行业的效果显著，R&D投入弹性为-0.5268，说明轻度污染行业与创新之间存在着倒"U"形关系。

（4）行业开放水平对重度和中度污染行业技术创新均具有显著的抑制作用，R&D投入弹性分别为-4.9998和-3.8181，开放水平对轻度污染行业虽然具有抑制作用，但效果并不显著，R&D投入弹性为-0.6837，说明行业污染强度越高，开放水平对技术创新的抑制作用越强。

（5）利润率对重度、中度和轻度污染行业的技术创新具有不同的影响，利润率对重度污染行业和轻度污染行业都具有促进作用，R&D投入弹性分别为0.1538和0.4465，但效果不显著；利润率对中度污染行业具有显著的抑制作用，R&D投入弹性为-1.7503，可能的原因是，我国中度污染工业行业的垄断性质可能比重度污染行业和轻度污染行业更加严重，从而削弱了中度污染行业的研发与创新的动力。

（6）人力资本水平对重度、中度和轻度污染行业技术创新也具有不同的影响。人力资本对轻度污染行业具有显著的促进作用，R&D投入弹性为24.1746；

人力资本对重度污染行业具有促进作用，R&D 投入弹性为 16.1619，但效果不显著；人力资本中度污染行业具有负的作用，R&D 投入弹性为 -0.1138，效果也不显著。说明轻度污染行业由于大多数属于高技术行业，研发类人力资本是轻度污染行业的技术创新的重要保障，人力资本水平的提升有利于促进企业的技术创新。

4.1.4 小结

本小节利用 2003~2011 年工业分行业面板数据，分析环境规制对我国工业企业的技术创新总体上是否有直接促进效用，如果这种促进效应存在，那么环境规制引致的技术创新对工业企业其他技术创新是否存在挤出效应，以及环境规制对重度、中度以及轻度污染行业技术创新的影响差异进行了实证研究。得到以下几点结论：

第一，总体上看，环境规制对全部工业行业企业的 R&D 支出有显著的促进作用，表明"波特假说"成立，我国环境规制政策与工业技术创新实现了"双赢"。同时，外商直接投资、企业规模、人力资本水平对企业的技术创新存在显著的正向影响。但是，研究发现，开放水平对企业的技术创新具有显著的抑制作用，行业利润率对企业 R&D 的投入具有效果不显著的负面影响。

第二，环境规制引致的工业企业 R&D 投入对工业企业的其他 R&D 投入没有带来挤出效应，表明环境规制引致的工业企业 R&D 投入并没有导致工业企业其他 R&D 投入的减少。

第三，通过污染强度视角的分析，研究发现环境规制对重度、中度和轻度污染行业工业企业的技术创新具有不同的影响，激励效应呈现依次递减，相对于中度和轻度污染行业，环境规制更能促进重度污染行业的技术创新。另外，外商直接投资、企业规模、开放水平、利润率和人力资本等对重度、中度和轻度污染行业都具有不同的直接影响。

本部分实证分析了环境规制以及外商直接投资、企业规模、开放水平、利润率以及人力资本水平对工业企业技术创新的直接影响，那么，严格的环境规制是否通过影响外商直接投资、企业规模、开放水平、利润率和人力资本水平从而间接影响工业企业的技术创新？因此，本章下一小节将进一步实证检验环境规制对工业企业技术创新的间接影响。

4.2 环境规制对工业企业技术创新的间接影响

4.2.1 理论分析与研究假设

环境规制不但对工业企业的技术创新产生直接影响，而且通过影响外商直接投资的技术溢出效应、企业规模效应、人力资本技术创新效应、企业利润率和企业出口水平从而对工业企业的技术创新产生间接影响，如图4-2所示。

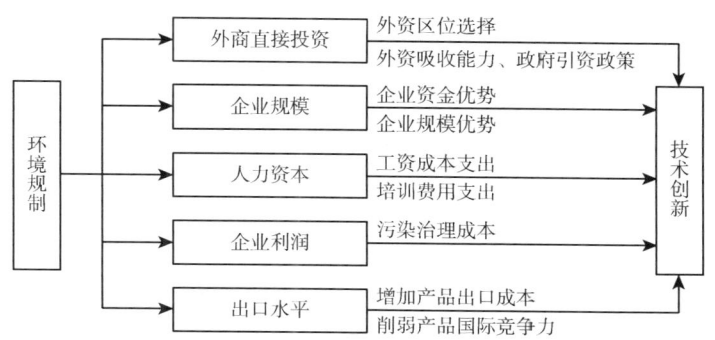

图4-2 环境规制对企业技术创新的间接影响机理

（1）环境规制会通过影响外商直接投资，进而间接影响企业的技术创新。在严格环境规制的约束下，外商直接投资都可能会发生一系列变化，进而对企业的技术创新产生影响。一是环境规制影响外商直接投资的投资区位选址。"污染天堂假说"（pollution heaven hypothesis）认为严格的环境规制会提高企业生产成本，为了追求利润最大化，企业会将污染密集型的产业转移到环境规制相对较弱的地区（Baumol and Oates，1988）。二是环境规制影响东道国企业对外商直接投资技术溢出的吸收能力。吸收能力理论认为，企业的研发投资和员工既有认知结构直接影响着其对技术的吸收能力（Cohen and Levinthal, 1989）。在资源有限的情况下，环境规制可能会挤占企业的研发投入和技术人员培训费用，降低东道国企业的技术吸收能力。三是环境规制影响外资引进的政策。随着环保意识的增强和产业的转型升级，一国（地区）政府会调整外资引进政策，限制或禁止污染强度高外资企业的进入，而鼓励积极引进清洁型资本和技术密集型企业。

（2）环境规制会通过弱化企业的规模优势和资金优势，从而间接影响企业的技术创新。熊彼特（Schumpeter, 1926）强调，大规模和垄断的企业具有资金优势和较强的风险承受能力，因而在创新上具有较大的优势。但是，在环境规制的约束下，企业特别是大企业的资金优势和规模优势会因生产成本的提高和资源的挤占而可能受抑制。一方面，为了达到环保标准，高投入、高产出的企业往往需要更大的环保投入，从而弱化了大企业的资金优势和规模优势；另一方面，大型国有企业承担了政府过多的政策性负担，而地方政府对增加财政收入、扩大就业率等短期利益的追逐导致了国有企业没有积极性去投资高风险见效慢的环境创新项目（周权雄，2010）。在严格的环境规制约束下，大型国有企业将具有向政府"寻租"的动机和行为，寻租行为本身及其所带来的资金会显著降低企业的创新水平（蒋伏心等，2013）。

（3）环境规制会通过影响企业对人力资本的必要支出，进而间接影响企业的技术创新。人力资本积累是企业提高技术创新能力的动力和源泉。索洛（Solow, 1957）认为技术通过人力资本转化为商品并在市场上销售得以实现其价值，从而获得经济效益才算是真正的技术创新。但是环境规制可能会从两个方面对企业的人力资本产生影响：一是环境规制影响企业人力成本支出。环境规制导致了企业污染治理成本的提高，为保证企业的利润维持在一定水平上，在预算控制范围内，企业可能通过采取调整降低人员工资方式，以压缩劳动成本，进而影响了人力资本的积累。二是环境规制可能挤占企业员工的培训费用，影响了员工技能的提升，从而会降低企业的技术创新能力。

（4）环境规制会通过影响企业的利润率，进而间接影响企业的技术创新。稳定的利润率可以给企业技术创新提供源源不断的资金支持。但是，企业在严格的环境规制下，无论是增加污染治理投资控制污染排放，还是通过提高污染治理技术水平以努力产生"创新补偿效应",都可能会增加企业的成本,从而减少企业的利润率。企业利润率的降低,将导致企业难以投入充足的研发投入资金,从而会降低企业的技术创新能力。

(5)严格的环境规制会通过导致企业污染治理成本的提高,使企业出口成本增加,从而间接影响企业的技术创新。环境规制的制定和实施必然会涉及产品从生产到销售乃至报废处理的各个环节,为了达到进口国的环保标准而在产品中增加的各种测试、检验、认证等费用都会使出口成本加大,会导致产业价格水平的提高,产品的出口竞争力被削弱,必然减少企业的利润,进而不利于企业的技术创新(陈莹,2012)。

关于环境规制对工业企业技术创新的间接影响,目前没有统一的研究结论。

综上所述,环境规制会通过外商直接投资、企业规模、人力资本、利润率、出口水平等多种因素对工业企业技术创新产生间接影响。

通过上述分析,本书提出如下假设:

H3:在其他条件保持不变的情况下,环境规制导致的污染治理成本的增加可能会挤占企业的研发资金,降低本土企业的技术吸收能力,弱化外商直接投资的技术溢出效应;

H4:在其他条件保持不变的情况下,环境规制会弱化大企业的规模优势和资金优势,降低大企业的技术创新水平;

H5:在其他条件保持不变的情况下,环境规制会降低企业人力资本的工资成本支出和培训费用,弱化人力资本的技术创新效应;

H6:在其他条件保持不变的情况下,环境规制增加了企业的成本支出,降低企业的利润率,研发投入资金难以有效保证,从而降低企业的技术创新能力;

H7:在其他条件保持不变的情况下,环境规制使企业出口成本增加,从而不利于企业的技术创新。

另外,环境规制对重度污染行业、中度污染行业和轻度污染行业的外资企业的技术溢出效应、大企业的规模效应、人力资本的技术创新效应、企业的利润率以及企业的出口水平会具有不同的影响,进而通过这些因素对企业技术创新会产生不同的间接影响。因此,提出如下假设:

H8：在其他条件保持不变的情况下，环境规制对重度污染行业、中度污染行业和轻度污染行业的企业技术创新具有不同的间接影响。

4.2.2 模型设计、变量定义和数据来源

4.2.2.1 模型设计

为了分析环境规制对产业技术创新的间接影响，本书构建了环境规制与外商直接投资、企业规模、利润率、人力资本、出口强度等变量的交互项作为技术创新的影响因素，构建如下间接影响效应模型：

$$\ln RD_{it} = \beta_0 + \beta_1 EFDI_{i,t-1} + \beta_2 ESIZE_{i,t-1} + \beta_3 EPROFIT_{i,t-1} \\ + \beta_4 EHumanCapital_{i,t-1} + \beta_5 EEXPR_{i,t-1} + u_i + \varepsilon_{it} \quad (4.4)$$

其中，$EFDI_{i,t-1}$表示 i 行业 t－1 期环境规制与外商直接投资的交互项；$ESIZE_{i,t-1}$表示环境规制与企业规模的交互项；$EPROFIT_{i,t-1}$表示环境规制与企业利润率的交互项；$EHumanCapital_{i,t-1}$表示环境规制与企业人力资本水平的交互项；$EEXPR_{i,t-1}$表示环境规制与企业出口强度的交互项。

4.2.2.2 数据来源与变量定义

同 4.1.2.2 小节内容。

4.2.3 实证结果分析

4.2.3.1 总体情况分析

前面的分析表明，行业研发投入会受环境规制、FDI、企业规模和人力资本等因素的影响。为了更好地分析在环境规制约束下，这些因素对企业技术创新的影响是否会出现变化，下面对式（4.4）进行回归。从回归结果（见表 4－5）看，Hausman 检验拒绝了个体随机效应的原假设，因此，分行业的面板模型为个体固定效应。

表4-5　环境规制对工业企业技术创新的间接影响

变　量	R&D
常数项	11.2623 (125.23)
EFDI（-1）	1.0754*** (7.77)
ESIZE（-1）	0.0685** (2.50)
EEXPR（-1）	-0.7183*** (-5.35)
EPROFIT（-1）	-0.1961 (-2.11)
EHumanCapital（-1）	1.2502 (0.97)
调整后的 R^2	0.3955
豪斯曼检验	10.92 [0.0909]
模型类别	固定效应

注：括号中的数字表示 t 值；***、**、*分别代表在1%、5%、10%水平上显著。

通过对环境规制与企业规模、FDI、利润率等解释变量的交互项与技术创新之间的关系进行回归分析，我们发现，在环境规制的约束下，FDI、企业规模、出口水平、人力资本水平的影响系数发生了明显变化，而利润率的影响系数并没有出现较大的变动。在表4-5中，环境规制与 FDI 和企业规模交互项的影响系数虽然仍然为正，但明显减小，且分别在1%和5%的水平下显著；环境规制与出口水平交互项的影响系数虽然仍然为负，但明显变大，且在1%的水平下显著；环境规制与人力资本水平交互项的影响系数虽然仍然为正，但大幅减少，而且效果并不显著，表明环境规制显著改变了 FDI、企业规模、出口水平和人力资本水平对企业技术创新的影响，从而对企业技术创新产生间接影响。

上述实证结果表明：

（1）在环境规制的约束下，FDI 的技术溢出效应减少。一是环境规制会影响企业的投资区位决策。大量学者通过实证分析发现环境规制会显著影响企业的投资区位选择，通过分析环境规制对美国各州吸收 FDI 的影响，认为某个地区的环境规制严格化会减少该地引进 FDI 的规模，例如，美国亚利桑那州政府在环境管制上的支出每增加 1%，该州吸引来一家外国公司的概率就会下降 0.261%（John and Catherine，2000）。国内学者也从分权的视角考察了环境规制对 FDI 的影响，发现中国的环境规制实际上对 FDI 的流入产生了显著的抑制效应（陈刚，2009）。二是在环境规制和外资的双重压力下，企业面临污染治理成本增加的同时，还要应对外资企业的竞争，导致很多企业会降低研发投入，更多引进现成技术或模仿性创新，失去了自主研发的动力。外资的进入也会导致本土企业被锁定在全球价值链的低端环节，而不利于本土企业的转型升级（黎开颜、陈飞翔，2008）。三是外资技术溢出效应的发挥需要本土企业具有较强的学习和吸收能力。在环境规制的约束下，企业可能不得不分散原本稀缺的人力、物力和财力资源，使企业减少在技术引进和知识学习上的投入，导致吸收能力下降，从而弱化了外资的技术溢出效应。

（2）环境规制对大企业的研发投入具有边际效应递减影响。虽然前面的分析表明，企业的技术创新具有规模效应，大企业在研发投入方面具有资金优势；但是在环境规制的约束下，这种规模效应变小了。这表明，大企业在传统的生产模式下，依靠资源优势和成本优势发挥了规模效应；但是在环境规制下，企业面临资源和污染治理成本的约束，弱化了大企业的资金优势和规模优势。可能的原因是：在严格的环境规制约束下，由于大企业承担的社会责任更大，可能首先成为政府检查的重点对象；大企业通过增加寻租成本或是增加污染治理成本来应对严格的环境规制，会弱化其资金优势和规模优势，从而减少了大企业技术创新的规模效应。

（3）企业的出口水平虽然对技术创新具有显著的抑制作用，但是在环境规制的约束下，这种抑制效应明显变弱了。可能的原因是：严格的环境规制对企业出口的产品提出了减少污染排放量的要求，能促使企业增加研发投入来提高污染治理技术和生产工艺，从而削弱了出口水平对企业技术创新的抑制效应。

另外，在环境规制约束下，人力资本对企业的技术创新效应大幅减弱。这表明，在环境规制下，企业面临较高的环境规制遵循成本，影响了人力资本的积累以及获取、吸收、消化和转化能力，最终影响了企业的技术创新。可能的原因正如上述理论机制分析：一是环境规制影响企业工资成本支出。环境规制提高了企业的污染治理成本，在企业预算控制范围内，企业可能通过调整生产投资预算、压缩劳动成本等措施，保持企业的利润水平。二是环境规制挤占了企业的培训费用。在企业资金预算有限的情况下，污染治理成本的提高，会降低企业的培训费用，从而降低企业的技术吸收能力和创新能力。

4.2.3.2 污染强度视角的分析

基于行业污染强度视角，本小节我们进一步分析了环境规制对重度污染行业、中度污染行业和轻度污染行业的技术创新的间接影响，行业划分标准仍然参考王杰（2014）基于污染排放强度对37个工业行业的划分方法。经过 Hausman 统计检验，重度污染行业和轻度污染行业的面板模型采用个体固定效应，中度污染行业的面板模型采用个体随机效应（见表4-6）。

表4-6 环境规制对工业企业技术创新间接影响的污染强度视角分组回归分析结果

变量	重度污染行业 估计值	中度污染行业 估计值	轻度污染行业 估计值
常数项	11.7050*** (90.73)	10.55845*** (21.24)	11.2083*** (67.23)
EFDI（-1）	1.61092 (1.61)	1.2838*** (3.61)	0.6124*** (4.13)
ESIZE（-1）	0.4041*** (5.18)	0.2105*** (3.48)	-0.0203 (-0.75)
EEXPR（-1）	-6.6037*** (-3.68)	-0.9193** (-2.42)	-0.3113** (-2.32)
EPROFIT（-1）	0.8076*** (3.52)	-0.4308* (-1.94)	0.0460 (0.48)
EHumanCapital（-1）	7.8479 (0.69)	-7.0558*** (-2.59)	4.2271*** (3.81)

续表

变量	重度污染行业	中度污染行业	轻度污染行业
	估计值	估计值	估计值
调整后的 R^2	0.6889	0.5422	0.5047
豪斯曼检验	17.69 [0.0071]	4.42 [0.6203]	12.81 [0.0461]
模型类别	固定效应	随机效应	固定效应

注：括号中的数字表示 t 值；***、**、* 分别代表在 1%、5%、10% 水平上显著。

通过对不同污染强度行业环境规制与企业规模、FDI、利润率等解释变量的交互项与技术创新之间的关系进行回归分析，从回归结果看，我们发现，在严格环境规制的约束下：

（1）外商直接投资对重度、中度和轻度污染行业的影响系数发生了明显的变化。对于重度污染行业，环境规制与外商直接投资交互项的影响系数明显减小，而且效果不显著；对于中度污染行业，环境规制与外商直接投资交互项的影响系数由负号变成正号，且在 1% 的显著性水平下显著；对于轻度污染行业，环境规制与外商直接投资交互项的影响系数明显变小，但在 1% 的显著性水平下显著。表明环境规制显著改变了外商直接投资对不同行业技术创新的影响，从而对企业技术创新产生间接影响。本书认为可能的原因是：在环境规制和外资的双重压力下，中度污染行业更倾向于增加研发投入，以提高污染治理技术和生产工艺，加快行业的转型升级。

（2）企业规模对重度、中度和轻度污染行业的影响系数发生了明显变化，影响系数依次变小，特别是对于轻度污染行业，影响系数由正号变为负号，影响系数分别为 0.4041、0.2105 和 -0.0203。表明环境规制对轻度污染行业大企业的研发投入具有负面影响，而对重度污染行业和中度污染行业大企业的研发投入仍然具有正面影响。说明环境规制更容易弱化轻度污染行业大企业的资金优势和规模优势，从而抑制了企业的研发投入。

（3）出口水平对中度污染行业的影响系数发生了明显变化，而对重度和轻度污染行业的影响系数没有发生大的变动。中度污染行业环境规制与开放水平交互项的影响系数虽仍然为负，但会变大，且在 1% 的显著性水平下显著，表明环境规制弱化了中度污染行业的开放水平对技术创新的抑制效应。说明环境规制和对外开放的双重作用给中度污染行业带来了一定的技术创新压力。

(4) 利润率水平对重度、中度污染行业的影响系数发生了明显变化,而对轻度污染行业的影响系数没有发生大的变动。对于重度污染行业,环境规制与利润率交互项的影响系数变大,且在1%的显著性水平下显著,表明在环境规制下,利润率对重度污染行业的企业技术创新有显著的促进作用,说明在严格的环境规制约束下,重污染行业会将一部利润用于进行企业研发投资,从而促进了企业的技术创新。对于中度污染行业,环境规制与利润率交互项的影响系数仍然为负数,但会变大,并在10%的显著性水平下显著,表明环境规制减弱了垄断利润对中度污染行业企研发投入的抑制作用。

(5) 人力资本水平对重度、中度和轻度污染行业的影响系数发生了明显变化。对于重度污染行业,环境规制与人力资本交互项的影响系数虽然为正号,但大幅变小,虽然效果不显著;对于中度污染行业,环境规制与人力资本交互项的影响系数虽然仍为负号,大幅变小,且在1%的显著性水平下显著;对于轻度污染行业,环境规制与人力资本交互项的影响系数虽然仍然为正号,也大幅变小,且在1%的显著性水平下显著,表明在严格的环境规制下,重度、中度和轻度污染行业人力资本的工资成本支出和培训费用都被严重挤占,从而影响人力资本的技术创新效用,特别是对于中度污染行业而言,严格的环境规制对企业的技术吸收能力和创新能力带来了严重的负的影响。

4.2.4 小结

本小节在上节实证分析环境规制对企业技术创新的直接影响基础上,进一步实证分析了环境规制通过影响外商直接投资、企业规模、出口水平、利润率水平和人力资本水平,进而对工业企业技术创新产生的间接影响。得到以下几点结论:

第一,环境规制显著改变了外商直接投资、企业规模、出口水平、人力资本水平对企业技术创新的影响。具体而言,在严格的环境规制约束下,外资的技术溢出效应减少；大企业的技术创新规模效应大幅减少，说明环境规制严重弱化了大企业的资金优势和规模优势。企业的出口水平虽然对技术创新具有显著的抑制作用，但是在环境规制的约束下，这种抑制效应明显变弱了。另外，人力资本对企业的技术创新效应也大幅减弱。

第二，通过污染强度视角的分析，研究发现，在严格的环境规制约束下，外商直接投资、企业规模、人力资本对重度污染行业、中度污染行业和轻度污染行业技术创新的影响均发生了明显的变化；利润率水平对重度污染行业、中度污染行业技术创新的影响发生了明显变化，对轻度污染行业技术创新的影响没有出现大的变动；出口水平对中度污染行业技术创新的影响发生了明显变化，而对重度和轻度污染行业的影响没有出现大的变动。

第5章

环境规制引致的技术创新对工业企业绩效的影响

"波特假说"认为,恰当设计的环境规制能带来创新抵消作用,也就是创新不仅能提高环境绩效,也能部分甚至全部抵消遵循环境规制的成本,从而为本国企业建立起市场竞争优势。环境规制的"创新补偿效应"能否促进中国工业企业经济绩效的提高?鉴于第4章研究发现的环境规制能带来显著的 R&D 投入激励效应,在本章,我们将进一步考察分析环境规制引致(induced)的技术创新活动对工业企业绩效带来的影响,特别是集中围绕工业企业环境绩效和经济绩效两个角度,以深入考察"波特假说"在我国是否得到了支持。

5.1 理论分析与研究假设

在政府严格环境规制的影响下,企业的技术创新可进一步划分为环境规制引致的技术创新和除去环境规制引致的技术创新之外的技术创新,并对工业企业的环境绩效和经济绩效产生影响,如图 5-1 所示。

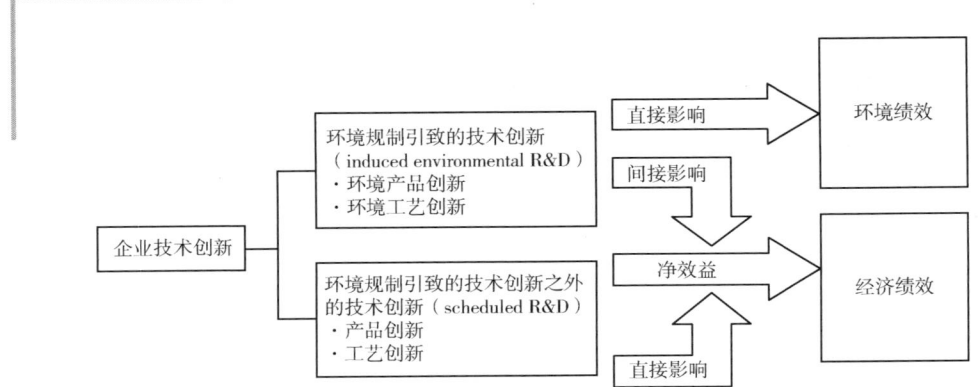

图 5-1 工业企业技术创新对企业绩效的影响机理

（1）环境规制引致的技术创新有利于改善工业企业的环境绩效。环境创新是一类能逐步或大幅度减少对环境造成不利影响的创新，与传统的技术创新相比，它更强调降低生产的外部环境成本（廖中举，2013）。由于环境创新不仅具备研发溢出效应，更重要的是能提高企业资源的使用效率，降低污染物的排放。当企业迫于政府环境规制政策的压力，采用治理的污染技术创新时，从经济效益看会造成成本的增加，而从环境效益看，由于企业采用技术含量较高的治理污染的创新技术，使生产企业在生产过程中污染物的排量减少，进而使整个社会的生态环境得到改善，环境绩效得到提高。

（2）环境规制引致的技术创新从长期来看有利于改善企业的经济绩效。环境规制引致的技术创新包括环境产品创新和环境工艺创新。其目的是降低生产过程中的污染物排放量。环境规制引致的技术创新与除环境规制引致之外的企业其他生产技术创新（非环境规制引致的技术创新）之间是矛盾统一的关系。环境规制引致的技术创新对企业其他生产技术创新既有促进作用，又有阻碍作用。一方面，当企业环境产品创新和环境工艺创新的应用有利于促进企业生产时，企业的环境产品创新和环境工艺创新在降低污染排放的同时，使生产效率和产品质量得到提高。因此，由环境规制政策引致的技术创新，不但使污染水平降低，同时还节约环境资源使用费用，提高生产效率和利润效率，实现环境技术创新和生产技术创新的统一。另一方面，环境规制引致的技术创新也会阻碍除环境规制引致之外的企业其他生产技术创新。企业要想加大环境产品创新和环境工艺创新投资，需要从其他环节抽调资金，这部分资金可能会来源于企业的利润、生产技术创新投入等。用于生产技术创新投入资金的减少会降低未来生产技术进步率，最终影响其利润和市场竞争力。

但从长期看，随着政府对环境规制强度的增强，企业要想保持较好的利润率及市场竞争力，就必须在重视生产技术创新的同时，加大对环境产品创新和环境工艺创新研发的资金投入力度，以此满足政府在排污技术上设置的严格规定。因此，政府在排污技术上的规定，会让企业在生产技术创新和环境规制引致的技术创新之间进行均衡选择，企业最优组合方式会实现经济增长和污染减少的最优目标。对于企业而言，要想从根本上解决环境污染问题，企业需要通过环境产品创新和环境工艺创新的方式来解决污染物排放过量的问题。但是，在环境技术创新初期，创新成果不显著，无法以经济形式满足日趋严格的环境规制政策要求，此时，企业需要加大对生产技术创新投入，通过提高生产技术来增加产出和利润。随着利润的增加企业用于环境产品创新和环境工艺创新的投资也会有所增加，随着污染治理技术创新的深入，企业逐渐满足政府的环境规制政策要求。从而实现污染治理和经济绩效提高的"双赢"目标。

环境创新与企业经济绩效之间的直接正相关关系已被众多领域的研究证实，如王建明、陈红喜和袁瑜（2010），李怡娜和叶飞（2011），Eiadat、Kelly 和 Roche（2008）。环境规制对企业绩效的促进作用主要源于以下几个原因：其一，Rumelt（1984）认为所有权、学习和开发成本、因果关系的模糊性是三种有效的隔离机制。对环境创新而言，创新者申请专利保护，能获得所有权的保护，创新的复杂性、模糊性等也可以加大竞争者的学习和开发成本，有效隔离竞争者，从而保护企业的利润率，使企业从中受益。其二，环境创新能使企业寻求新的方式将废物转变为能带来额外收入的可销售产品（Chen et al., 2006）、企业进行环境创新是履行企业社会责任的体现，可以提高企业的声誉与形象，从而获得更好的绩效（Chang, 2011）。但是，部分学者持相反的意见，例如，肖显静和赵伟（2006）认为环境创新能降低生产和消费中的环境外部性损失，改善经济系统的质量，但与传统的技术创新相比，在很多时候不具有经济效益上的优势，在带来生态效率提高的同时，有可能降低经济效益。

（3）除环境规制引致的技术创新之外的其余技术创新对企业的经济绩效有积极影响。企业其余的技术创新即例行技术创新主要以增强企业的市场竞争力为主要目的，通过加大研发（R&D）投入，促进产品创新和工艺创新，提升产品的市场占有率和产品竞争力，因而能增加企业的额外利润，提高企业的经济绩效。

因此，基于上述分析，本书提出如下相对应的三个研究假设：

H9：在其他条件保持不变的情况下，环境规制引致的技术创新与企业的环境绩效正相关；

H10：在其他条件保持不变的情况下，环境规制引致的技术创新与企业的经济绩效正相关；

H11：在其他条件保持不变的情况下，除环境规制引致的技术创新之外的其余技术创新与企业的经济绩效正相关。

5.2 环境规制引致的技术创新对工业企业经济绩效的影响

在第4章对环境规制对技术创新的直接影响效应进行估计的基础上，我们首先进一步分析了我国环境规制引致的创新活动对企业经济绩效带来的影响。

5.2.1 模型设计、变量定义和数据来源

5.2.1.1 模型设计和变量定义

$$\text{Firmcompt}_{it} = \beta_0 + \beta_1 \ln\text{RD1}_{it} + \beta_2 \ln\text{RD2}_{it} + \beta_3 (\ln\text{RD1}_{it} \times \text{DH}_i) + \beta_4 \ln\text{SIZE}_{it}$$
$$+ \beta_5 \text{GROWTH}_{it} + \beta_6 \text{COST}_{it} + \lambda\text{TIMED} + \delta_i + \varepsilon_{it} \quad (5.1)$$

其中，Firmcompt_{it}表示i行业工业部门在第t年的企业经济绩效及竞争力水平，用总资产贡献率（ROA）和全员劳动生产率（LABOR）指标来衡量。具体而言，上述计量模型中各变量的定义如下：

（1）总资产贡献率（ROA）：反映了企业资产的获利能力，也是衡量企业经

营能力和盈利水平的核心指标之一,是评价和考核企业盈利的核心指标,也称为资产利税率,可以在很大程度上描述企业的经营绩效和竞争力水平,本书将其作为主要被解释变量。计算公式为:

$$总资产贡献率(\%) = (利润总额 + 税金总额 + 利息支出) \div 平均资产总额 \times 100$$

(2)全员劳动生产率(LABOR):是工业企业平均每个职工在单位时间内创造的工业生产最终成果,该指标反映企业的生产效率和劳动投入的经济效益,用于衡量企业职工创造价值的能力,本书将其作为总资产贡献率的替代变量。计算公式为:

$$全员劳动生产率(元/人 \cdot 年) = 工业增加值 \div 全部从业人员平均人数$$

(3)RD1是由第4章模型(4.2)得到的由环境规制引致的R&D支出,RD2是全部R&D支出RD中除去环境规制引致的R&D支出之外的其他R&D支出①,通过全部R&D支出RD减去RD1得到。按照Hamamoto(2006)的方法,RD1和RD2的计算方法如下:

$$RD1_{it} = \widehat{\beta_{ER}} \times \left[\frac{\Delta ER_{it,t-1}}{ER_{it-1}}\right] \times RD_{it} \quad \text{and} \quad RD2_{it} = RD_{it} - RD1_{it} \tag{5.2}$$

其中$\widehat{\beta_{ER}}$为第4章模型(4.2)中环境规制ER的估计系数。$\frac{\Delta ER_{it,t-1}}{ER_{it-1}}$为当年环境规制强度与前一年环境规制强度的差与前一年环境规制强度的比值。

(4)DH是一个虚拟变量,表示一个行业的环境污染程度。DH与RD1的乘积表示由环境规制引起的R&D活动对企业经营绩效的影响在行业之间的差异,如果行业i为污染型行业②,则DH赋值1,如果行业i为清洁型生产型行业,DH

---

① 根据Hamamoto(2006)和Yang等(2012)的研究,由于污染治理的压力的增加,环保研发可能会排挤非环保研发的投入,若计算出的RD1<0,则将RD1的取值替换为0。这样处理的原因是避免RD2的预测值超过全部R&D支出的实际值。

② 根据沈能(2012)的研究,污染密集型行业是指煤炭开采和采选业,石油和天然气开采业,黑色金属矿采选业,有色金属矿采选业,非金属矿采选业,造纸及纸制品业,石油加工、炼焦及核燃料,化学原料及化学制品制造业,医药制造业,化学纤维制造业,橡胶制品业,塑料制品业,非金属矿物制品业,黑色金属冶炼及压延加工业,有色金属冶炼及压延加工业,电力、热力的生产和供应业以及燃气生产和供应业等共17个行业。其他20个行业为清洁生产型行业。

赋值 0。

另外，我们考虑将企业规模（SIZE）、行业成长性（GROWTH）和成本费用利润率（COST）也放入了经济绩效模型中。企业规模的定义与第 4 章相同；成本费用利润率用各细分行业大中型工业企业利润总额与成本费用总额的比值表示；行业成长性以各细分行业大中型工业企业主营业务收入增长率来衡量。TIMED 是时间虚拟变量，抓住了宏观经济政策和外生技术变迁对企业竞争力的影响。β 为待估参数；δ_i 用于控制无法观测的行业间异质性因素；ε_{it} 为随机误差项。

大多数文献认为，严格的环境规制能够鼓励公司的资本流动进而促进经营绩效的提高（Berman and Bui, 2001；Lanoie et al., 2008；Managi et al., 2005）。但是，Hamamoto（2006）在关于环境规制引致的 R&D 活动对经营绩效影响的研究结论并不支持上述观点。

5.2.1.2 样本来源与数据说明

本书研究样本为中国工业 37 个二位数行业大中型工业企业（剔出了数据严重缺失的"其他采矿业"和"废弃资源和废旧材料回收加工业"），样本收集时段为 2003~2011 年，研究数据来源于《中国统计年鉴》《中国工业经济统计年鉴》《中国科技统计年鉴》。其中名义变量以 2003 年的不变价格为基准做了处理。个别数据由于可得性存在缺失，本书根据样本特质作了估算。主要变量定义和描述性统计如表 5-1 和表 5-2 所示。

表 5-1　　　　　　　　　　　主要变量定义

变量名	变量符号	变量定义
环境技术创新	RD1	环境规制引致的 R&D 投入
非环境技术创新	RD2	除去环境规制引致的 R&D 投入之外的剩余的 R&D 投入
总技术创新	RD	企业总的 R&D 投入
外商直接投资	FDI	各细分行业大中型工业企业中的三资企业工业总产值占比
企业规模	SIZE	各细分行业大中型工业企业总产值与企业单位数的比值
行业成长性	GROWTH	各细分行业大中型工业企业销售收入增长率

续表

变量名	变量符号	变量定义
成本费用利润率	COST	各细分行业大中型工业企业利润总额与成本费用总额的比值
总资产贡献率	ROA	各细分行业大中型工业企业利润总额、税金总额和利息支出之和与平均资产总额的比值
全员劳动生产率	LABOR	各细分行业大中型工业企业工业增加值与全部从业人员平均人数的比值
行业哑变量	DH	污染密集型行业和清洁生产型行业

表 5-2   主要变量的描述性统计

	观测数	均值	标准差	最小值	最大值
lnRD1	259	6.8138	2.9098	0	11.2037
lnRD2	259	12.0471	1.7862	6.8733	15.7335
ROA	259	0.1459	0.1152	0.0008	0.7776
LABOR	259	0.1033	0.1317	-0.0531	0.9924
lnSIZE	259	1.7185	0.9017	0.4700	4.7229
GROWTH	259	0.2466	0.1471	-0.2971	1.0672
COST	259	0.1033	0.1317	-0.0531	0.9924

5.2.2 实证结果分析

我们首先基于式（5.2）估计了严格的环境规制引致的 R&D 投入（RD1）及其占企业全部 R&D 投入的比重。

表 5-3 显示了 2004~2011 年我国环境规制引致的 R&D 投入 RD1 占企业全部 R&D 投入的比重。我们可以发现该比重仅介于 0.531%~1.643% 之间，平均比重仅为 1.2137%，这表明我国严格的环境规制引致的工业企业 R&D 投入效应不是非常显著。图 5-2 显示了 2004~2011 年我国环境规制引致的 R&D 投入 RD1 的变化情况。可以发现 RD1 经历了先上升后下降再急剧上升的变化趋势，

2010 年 RD1 到达历史的最高点 659660 万元，这可能是由于 2009 年以后我国环境规制的强度日益增强带来的。

表 5-3　　　　　　　　　　RD1 和 RD2 比例统计

Year	RD1（万元）	RD2（万元）	RD（万元）	RD1/RD（%）	RD2/RD（%）
2004	92203.01	9255248	9347451	0.986	99.014
2005	161966.06	12310622	12472588	1.299	98.701
2006	245465.56	15965141	16210607	1.514	98.486
2007	341885.26	20629652	20971537	1.63	98.37
2008	237284.53	26327512	26564797	0.893	99.107
2009	169011.83	31635647	31804659	0.531	99.469
2010	659660.22	39488926	40148586	1.643	98.357
2011	586723.16	38504252	38746592	1.524	98.476

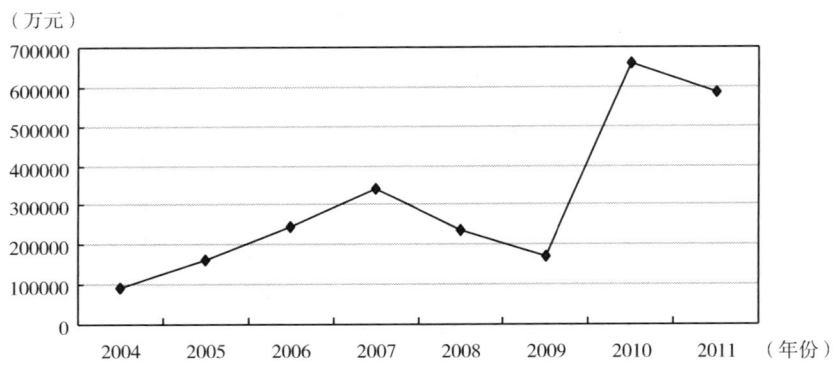

图 5-2　环境规制引致的 R&D 投入 RD1 变化

表 5-4 列出了环境规制引致的创新活动对企业经济绩效影响的回归估计结果。固定效应或随机效应模型的选取由豪斯曼检验判别，若豪斯曼检验显著则选用固定效应模型，若不显著则用随机效应模型。由于 Hausman 检验统计量在 1% 的水平上显著，表明固定效应模型更为恰当，我们只显示了固定效应模型的估计结果。

第5章 环境规制引致的技术创新对工业企业绩效的影响

表 5-4　环境规制引致的技术创新对工业企业经济绩效的影响

解释变量	模型Ⅰ（FE）	模型Ⅱ（FE）	模型Ⅵ（RE）
	因变量：Firmcompt（以总资产贡献率 ROA 表示）		
lnRD1	-0.000589 (-0.73)	0.000514 (0.53)	
lnRD2	0.0033833 * (1.89)	0.0035722 ** (2.01)	
lnRD			0.0167512 *** (3.54)
lnRD1×DH		-0.0027011 ** (-2.05)	
lnSIZE	0.102973 *** (4.29)	0.1044217 *** (4.38)	0.0192593 (0.55)
GROWTH	0.0138319 (0.92)	0.0202501 (1.33)	0.0119561 (0.93)
COST	0.6729457 *** (18.84)	0.6730806 *** (18.99)	0.6732641 *** (19.29)
常数项	-0.1585414 *** (-3.66)	-0.1643962 *** (-3.82)	-0.1651216 *** (-4.06)
R^2	0.6806	0.6867	0.6930
F	57.35 ***	55.22 ***	56.58 ***
模型类别	固定效应	固定效应	随机效应
豪斯曼检验	14.98 ** [0.0204]	15.99 ** [0.0252]	9.17 * [0.1026]
样本数	296	296	296

注：括号中的数字 FE 为 t 统计值，RE 为 z 统计值；***、**、* 分别代表在 1%、5%、10% 水平上显著。模型Ⅵ中 RD 代表全部 R&D 支出。

通过观察表 5-4 中模型Ⅰ和模型Ⅱ发现，模型Ⅰ表明环境规制引致的 R&D 投入 RD1 对企业的总资产贡献率（ROA）有负的作用，总资产贡献率弹性为 -0.0006，但效果并不显著；模型Ⅱ表明环境规制引致的 R&D 投入 RD1 对企业的总资产贡献率有促进作用，总资产贡献率弹性为 0.0005，效果也并不显著，这可能由于环境规制引致的创新活动带来的收益没能抵消遵循环境规制的成本，不能产生净收益，从而不能提高企业的总资产贡献率。这一发现与 Hamamoto（2006）和 Yang 等（2012）研究得出的支持"波特假说"的双赢（Win-Win）

结果的结论不一致。模型Ⅰ和模型Ⅱ还表明，除环境规制引致的 R&D 投入之外的剩余 R&D 投入 RD2 对工业企业总资产贡献率的提升有显著的促进作用，总资产贡献率弹性分别为 0.0034 和 0.0036，都在 1% 的显著性水平下显著，因为企业的 R&D 活动即例行 R&D 活动（Scheduled R&D）是企业总资产贡献率的主要来源。模型Ⅵ表明企业全部的 R&D 投入对企业的总资产贡献率有显著的促进作用，在 1% 的显著性水平下显著，总资产贡献率弹性为 0.0168，R&D 投入每增加 1%，企业的总资产贡献率将增加 0.0168%，这要归结于企业其他 R&D 活动即例行 R&D 活动（Scheduled R&D）的贡献。

而且我们进一步发现，环境规制引致的 R&D 投入 RD1 与表示行业污染密集度虚拟变量交叉项的系数为负，在 5% 的显著性水平下显著，这表明相对于清洁生产型行业，污染密集型行业更加得益于环境规制引致的 R&D 投入 RD1 带来的企业总资产贡献率，尽管污染密集型行业面临着更大的减排费用负担。

表 5-4 还表明成本费用利润率对企业总资产贡献率有显著的促进作用，说明成本费用利润率越高的企业总资产贡献率也越强。行业成长性对企业总资产贡献率有促进作用，但效果并不显著。企业规模对企业总资产贡献率具有显著的促进作用。

表 5-5 采用全员劳动生产率（LABOR）替换了原被解释变量，重新对面板数据模型进行了回归分析。

表 5-5　　环境规制引致的技术创新对工业企业经济绩效的影响

解释变量	因变量：Firmcompt（以全员劳动生产率 LABOR 表示）		
	模型Ⅰ（FE）	模型Ⅱ（FE）	模型Ⅵ（FE）
lnRD1	0.0074584 (1.06)	0.010428 (1.24)	
lnRD2	0.0439728 *** (2.84)	0.0444815 *** (2.86)	
lnRD			0.4833274 *** (17.28)

续表

解释变量	因变量：Firmcompt（以全员劳动生产率 LABOR 表示）		
	模型Ⅰ（FE）	模型Ⅱ（FE）	模型Ⅵ（FE）
lnRD1×DH		-0.0072728 (-0.63)	
lnSIZE	2.037434 *** (9.80)	2.041335 *** (9.80)	-0.4487768 ** (-2.18)
GROWTH	-0.163597 (-1.26)	-0.1463159 (-1.10)	0.0103357 (0.14)
COST	0.9044092 *** (2.93)	0.9047725 *** (2.92)	0.9479886 *** (4.59)
常数项	8.569516 *** (22.89)	8.553752 *** (22.77)	7.950447 *** (33.06)
R^2	0.5009	0.5019	0.7758
F	54.18 ***	51.19 ***	84.77 ***
模型类别	固定效应	固定效应	固定效应
豪斯曼检验	30.01 [0.0000]	32.57 [0.0000]	17.62 [0.0035]
样本数	296	296	296

注：括号中的数字为 t 统计值；***、**、* 分别代表在 1%、5%、10% 水平上显著。模型Ⅵ中 RD 代表全部 R&D 支出。

通过观察表 5-5 中模型Ⅰ和模型Ⅱ的估计结果，我们发现环境规制引致的 R&D 投入 RD1 对企业的全员劳动生产率不存在相关关系。尽管，环境规制引致的 R&D 投入 RD1 对企业的全员劳动生产率有促进作用，全员劳动生产率弹性分别为 0.0075 和 0.0104，但效果并不显著。除环境规制引致的 R&D 投入之外的剩余 R&D 投入 RD2 对工业企业的全员劳动生产率的提升也有显著的促进作用，都在 1% 的显著性水平下显著，全员劳动生产率弹性分别为 0.0440 和 0.0445，并且大于表 5-4 中总资产贡献率弹性，说明除环境规制引致的 R&D 投入之外的剩余 R&D 投入 RD2 更能促进企业的全员劳动生产率的提高。表 5-5 模型Ⅵ表明企业全部的 R&D 投入对企业的全员劳动生产率也有显著的促进作用，在 1% 的显著性水平下显著，全员劳动生产率弹性为 0.4833，R&D 投入每增加 1%，企业的全员劳动生产率将增加 0.4833%，并且全员劳动生产率弹性大于表 5-4 中的总资产贡献率弹性，说明企业的全部 R&D 投入也更能促进企业全员劳动生产率提高，这可能主要归结于企业其他 R&D 活动即例行 R&D 活动的贡献。

环境规制引致的 R&D 投入 RD1 与表示行业污染密集度虚拟变量交叉项的系数为负，表明相对于清洁生产型行业，污染密集型行业更加得益于环境规制引致的 R&D 投入 RD1 带来的企业全员劳动生产率，但效果并不显著。

表 5-5 还表明成本费用率和企业规模对企业的全员劳动生产率的提高具有显著的作用。行业成长性对企业的全员劳动生产率具有负的作用，但效果并不显著。

5.2.3 小结

基于本书第 4 章实证研究发现的环境规制能刺激我国工业企业的创新活动的基础上，本章将工业企业全部 R&D 支出划分为环境规制引致的 R&D 支出（RD1）和除去环境规制引致 R&D 支出之外的其他 R&D 支出（RD2）两大部分，进一步实证分析了两者分别对工业企业经济绩效的影响。得到以下几点结论：

第一，严格的环境规制引致的工业企业 R&D 支出并不能促进以总资产贡献率（ROA）和全员劳动生产率（LABOR）两变量度量的企业经济绩效的提高。说明环境规制引致的企业创新活动带来的收益尚不能抵消遵循环境规制的成本，不能产生净收益，我国工业企业的"创新补偿"效应还不充分。"波特假说"提出的"严格且适宜的环境规制将引致创新，部分甚至是完全抵消环境规制施加给企业的成本，进而能提高企业的生产率和竞争力"的"双赢"结果在我国没有得到实现。我国目前的环境规制尚不能有效引致企业的环境技术创新，从而间接导致不能促进企业经济绩效的提高。

第二，工业企业全部 R&D 支出除严格的环境规制引致的 R&D 支出之外的其他 R&D 支出即例行 R&D 支出（Scheduled R&D）对以总资产贡献率（ROA）和全员劳动生产率（LABOR）两变量衡量的企业经济绩效有显著的促进作用，并且对后者的促进作用要大于前者。说明企业的例行 R&D（Scheduled R&D）活动是企业经济绩效提高的重要来源。

第三，研究发现，工业企业全部的 R&D 支出对以总资产贡献率（ROA）和全员劳动生产率（LABOR）两变量度量的企业经济绩效的提高都有显著的促进作用，这主要归结于全部 R&D 支出 RD 中除去环境规制引致 R&D 支出之外的其他 R&D 支出即例行 R&D 支出（Scheduled R&D）的促进作用。

5.3 环境规制引致的技术创新对工业企业环境绩效的影响

5.3.1 模型设计、变量定义和数据来源

5.3.1.1 模型设计

我们将工业污染物的排放水平看作是衡量企业环境绩效提高或降低的标准，因此将环境规制强度作为对环境绩效影响的重要因素，被解释变量是工业污染物排放量，解释变量是环境规制引致的技术创新 RD1。此外，还有许多其他因素可能影响环境绩效，包括企业规模、市场集中度在环境规制政策执行过程中都会对环境绩效产生影响，为了控制住这些因素，我们将它们作为控制变量，包含在模型当中。为了便于比较，所有变量均采用对数形式。环境规制引致的技术创新对企业环境绩效的影响的基本计量方程为：

$$\ln EP_{it} = \beta_0 + \beta_1 \ln EP_{i,t-1} + \beta_2 \ln RD1_{it} + \beta_4 \ln SIZE_{it} + \beta_5 \ln COMPET_{it} + \widetilde{\varepsilon It} \quad (5.3)$$

其中，变量下标 i 代表不同工业行业，下标 t 代表不同的年份。EP_{it} 表示 i 工业行业在 t 年的环境绩效。为获取长期的动态影响，将被解释变量的滞后一期也作为解释变量。$RD1_{it}$ 表示 i 工业行业在 t 年环境规制引致的 R&D 投入水平。$SIZE_{it}$ 表示工业行业在 t 年的企业规模；$COMPET_{it}$ 表示 i 工业行业在 t 年的行业竞争程度。

式（5.3）中的误差项 $\widetilde{\varepsilon It} = V_i + \varepsilon_{it}$，由于 EP_{it} 是 V_i 的函数，$EP_{i,t-1}$ 也是 V_i 的函数，因此模型中解释变量 $EP_{i,t-1}$ 与 V_i 相关，X 也与 V_i 相关，即 $Cov(X, V_i) \neq 0$，表明解释变量和误差项之间存在相关性。如果直接对方程进行回归分析，所得出的回归结果不但是有偏的，而且是非一致的。当解释变量和误差项存在相关性

时，可以通过扩大样本容量和引进工具变量的方法来解决面板回归过程中的自相关和内生性问题。在具体分析过程中，选择较多的工具变量是弱外生变量的滞后项，通过对弱外生变量进行一阶差分，消除变量的个体效应，获得一致性估计结果。但是考虑到一阶差分难以完全消除解释变量与残差项之间的自相关性，在实证分析中，本书采用动态 GMM 法对模型进行回归分析。动态 GMM 法通过引进滞后的弱工具变量，并在差分方程中引进一组滞后的解释变量，从而有效地克服了回归中的自相关性导致的有偏回归结果。

5.3.1.2 变量定义与数据说明

（1）被解释变量：环境绩效（EP）。

一般来说，水质量和空气质量改善是政府环境治理的重要目标。我国政府制定的环境规制政策也主要是针对水环境、大气环境的改善以及其他环境的改善。因此，本书以工业废水排放量（WW）和工业二氧化硫排放量（SO_2）衡量环境绩效的指标，并以工业总产值进行标准化，即：

环境绩效 = 工业废水（WW）排放量/工业总产值和工业二氧化硫（SO_2）排放量/工业总产值

（2）环境规制引致的技术创新（RD1）。

该指标的衡量同 5.2 节。

（3）企业规模（SIZE）。

选用各行业大中型工业企业总产值与企业单位数的比值作为企业规模的衡量指标。

（4）行业竞争程度（COMPET）。

由于没有办法找到更好地衡量行业竞争程度的指标，企业竞争程度的变量使用冯根福等（2006）的方法用企业数来表示。企业数量既可以反映市场结构和容量，也可以反映行业进入和退出壁垒的大小，这些都间接反映企业的竞争程度。

本书中所有数据均来源于 2003~2011 年历年《中国统计年鉴》《中国环境统计年鉴》《中国环境统计年报》《中国科技统计年鉴》中的相关数据。

5.3.2 实证结果分析

本书采用 Stata 12.0 进行回归。为了有效地消除变量之间的自相关性，本书运用差分动态 GMM 式对模型进行估计，在分析过程中利用差分转换的方法消除个体的横截面效应。表 5-6 和表 5-7 分别列出了环境规制引致的创新活动对工业企业二氧化硫（SO_2）排放和废水（WW）排放影响的回归估计结果。

表 5-6 环境规制引致的技术创新对工业企业二氧化硫（SO_2）排放的影响

变量	SO_2
SO_{2-1}	0.4496***
	(4.13)
lnRD1	-0.3470**
	(-1.78)
lnSIZE	-2.2565
	(-0.42)
COMPET	8.2411
	(0.91)
C	-44.7273
	(-0.92)
Sargan 检验	34.1691
	(0.1308)
AR（1）	-1.2451
	(0.2131)
AR（2）	1.2072
	(0.2273)

注：①***、**、*分别代表在1%、5%、10%水平上显著，括号中的数字为Z统计量；②Sargan检验一栏中列出的为过度识别的检验值，AR（1）、AR（2）分别表示一阶和二阶残差系列的Arellano-Bond自相关检验。

表 5-7 环境规制引致的技术创新对工业企业废水（WW）排放的影响

变量	WW
WW_{-1}	0.8490***
	(33.48)
lnRD1	-0.0119**
	(-1.75)

续表

变量	WW
lnSIZE	-0.4282***
	(-2.65)
COMPET	0.1243
	(0.98)
C	0.0067
	(0.01)
Sargan 检验	34.4522
	(0.1240)
AR（1）	-1.6877
	(0.0915)
AR（2）	0.927
	(0.3539)

注：①***、**、*分别代表在1%、5%、10%水平上显著，括号中的数字为Z统计量；②Sargan检验一栏中列出的为过度识别的检验值，AR（1）、AR（2）分别表示一阶和二阶残差序列的Arellano-Bond自相关检验。

表5-6中Sargan检验零假设的过度识别约束都是有效的。该检验不但要求残差的一阶差分项是负相关，而且要求不存在二阶以上的相关性。通过对模型进行回归，Sargan检验的P值为0.1308，接受了原假设，即表5-6中模型所引进的工具变量的选择均是合理有效的；差分方程得到的残差服从AR（1）和AR（2）过程，AR（1）的P值为0.2131，表明拒绝不存在一阶自相关的原假设，变量之间存在一阶自相关；AR（2）的P值为0.2273，表明样本的残差序列只存在一阶负相关，不存在二阶以上的序列相关性。表5-6的Sargan检验、AR（1）和AR（2）的结果均表明，模型中工具变量的选择是合理的，且模型的识别是有效的。通过分析表5-6的回归检验结果，我们发现：

（1）上一期的SO_2排放对当期的SO_2排放具有一定的助推作用，SO_2排放量的一阶滞后项系数为0.4496，且在1%的水平上显著，上一期SO_2排放与下一期的SO_2排放量显著正相关。说明SO_2的排放存在一定的持续性，前期排放量会影响当期的排放量，证明了考虑变量的动态调整是合理的。

（2）环境规制引致的技术创新对SO_2排放有显著的抑制作用，环境规制引致的技术创新对SO_2排放量的影响估计系数为-0.3470，且在5%的显著性水平下显著，环境规制引致的 R&D 投入每上升一个单位，SO_2 排放量约减少 0.3470 个单位，表明我国的环境规制政策对空气质量的改善能起到积极的作用。虽然我国的环境规制政策引致的技术创新在一定程度上抑制了 SO_2 的排放，但我们也应注意到近年来我国的空气污染日益严峻，如城市地区空气中二氧化硫及粉尘含量全世界最高[①]，说明环境规制引致的技术创新带来的 SO_2 排放减少量相对于每年工业生产产生的 SO_2 排放量仍然是不足的，从而导致我国的空气质量未能得到有效改善。

（3）工业企业规模对单位产值 SO_2 的排放有一定的抑制作用，SO_2 排放量的影响估计系数为 -2.2565，但效果不显著，说明企业的 SO_2 排放具有规模效应，大企业与小企业相比在控制 SO_2 排放上更具有资金和技术优势，有助于 SO_2 排放水平的降低；行业竞争程度加剧了 SO_2 的排放，SO_2 排放量的影响估计系数为 8.2411，但效果并不显著，可能的原因是：企业为了在激烈的行业竞争程度保持竞争优势，可能通过调整生产投资预算、压缩劳动成本等措施，保持企业的利润水平，从而导致用于 SO_2 减排的资金减少，加剧了工业 SO_2 的排放。

表 5-7 中的 Sargan 检验零假设的过度识别约束都是有效的。Sargan 检验 P 值为 0.1240，说明模型中所引进的工具变量的选择是合理有效的；AR（1）的 P 值为 0.0915，表明拒绝不存在一阶自相关的原假设，变量之间存在一阶自相关；AR（2）的检验结果 0.3539，表明样本的残差序列只存在一阶负相关，不存在二阶以上的序列相关性。差分方程得到的残差服从 AR（1）和 AR（2）过程，表 5-7 中的 Sargan 检验和 AR（1）和 AR（2）的结果也表明，模型中工具变量的选择是合理的，且模型的识别是有效的。通过分析表 5-7 的回归检验结果，我们发现：

（1）废水排放水平的一阶滞后项系数为 0.8490，且在 1% 的水平上显著。说明工业废水的排放也存在一定的持续性，前期排放量会影响当期的污染排放量，上一期废水排放与下一期的废水排放量显著正相关，环境绩效存在一定的惯性，上一期的废水排放对当期的废水排放具有一定的助推作用。

（2）环境规制引致的技术创新对工业废水排放也有显著的抑制作用，环境规制引致的技术创新对废水排放量的影响估计系数为 -0.0119，且在 5% 的显著

[①] 例如，2009 年 PM10 世界平均水平是 43 微克/立方米，中国是 60 微克/立方米（World Bank, 2013）。

性水平下显著，环境规制引致的 R&D 投入每上升一个单位，废水排放量约减少 0.0119 个单位，表明我国的环境规制政策对水环境质量的改善也能起到积极的作用。而且环境规制引致的技术创新对废水排放量的影响系数 -0.0119 要大于环境规制引致的技术创新对 SO_2 排放量的影响估计系数 -0.3470，说明环境规制引致的技术创新更能抑制 SO_2 的排放，可能的原因是：在我国大气污染日益严峻的形势背景下，环境规制引致了更多的与治理大气污染相关的环境技术创新。

（3）与对 SO_2 的影响不同，工业企业规模对单位产值废水的排放有显著的抑制作用，企业规模的影响系数为 -0.4282，且在 1% 的显著性水平下显著，说明企业的废水排放同样具有规模效应，大企业比小企业相比更有利于废水排放水平的降低。行业竞争程度对废水的排放也没有抑制作用，影响估计系数为 0.1243，但效果并不显著。

5.3.3　小结

本小节构建了一个含有被解释变量滞后一期的动态回归模型，采用差分 GMM 方法进一步分析了环境规制引致的技术创新对以工业二氧化硫（SO_2）和工业废水（WW）排放水平衡量的企业环境绩效的影响，得到以下几点研究结论：

第一，环境规制引致的技术创新对工业企业的二氧化硫（SO_2）排放和废水（WW）的排放都有显著的抑制作用，而且环境规制引致的技术创新更能抑制 SO_2 的排放，说明企业为了达到严格的环境规制政策的要求而相应实施的环境技术创新确实能有助于提升企业的环境绩效，环境规制能间接通过刺激企业的技术创新从而改善产业的环境绩效。

第二，上一期的工业二氧化硫（SO_2）和废水排放量与下一期的工业二氧化硫（SO_2）和废水排放量都显著正相关，中国的环境污染确实存在一定的持续性，前期排放量会影响当期的污染排放量，环境绩效存在一定的惯性，说明企业当前只有坚持不懈地减少二氧化硫（SO_2）和废水（WW）等工业废物的排放水平，才能为今后环境绩效的改善创造良好的条件。

第 6 章

环境规制对工业企业绩效的影响

通过第 5 章的分析，我们发现严格的环境规制引致的工业企业 R&D 支出并不能促进以总资产贡献率和全员劳动生产率两变量度量的工业企业经济绩效的提高，环境规制引致的企业创新活动带来的收益尚不能抵消遵循环境规制的成本，我国工业企业的"创新补偿"效应还不充分。以往的研究认为严格的环境规制可能会导致企业改变投入的组合行为。企业购买污染减排资产将会增加生产成本，从而短期内会对工业企业经济绩效带来负面影响，尽管长期来看资本流动的增加会促进经济绩效的提高。这一章我们将进一步考察环境规制对工业企业绩效短期和长期的直接影响，并以 2008 年中国《水污染防治法》的修订这样一个自然实验，实际检验中国的环境立法规制对工业企业经济绩效产生的影响。

6.1 环境规制对工业企业经济绩效的影响

6.1.1 理论分析与研究假设

环境规制从本质上讲，就是通过对环境资源的使用收取费用，限制对环境的过度使用，以降低对环境造成的污染和损害。在环境规制作用下，被规制企业的生产要素价格和生产成本上升，并且污染治理要投资还可能对其他生产性投资产生挤出效应，从而导致企业生产率和利润率的下降（赵红，2007）。因此，从静态效应上看，环境规制必然导致企业经济绩效的下降。主要理由如下：

(1) 环境规制要求企业支付一定的污染治理费用,这必然使生产成本增加。

环境规制从本质上讲,就是通过政府干预的形式为环境资源定价,从而使环境资源具有经济物品的特征。当企业消耗环境资源或排放污染物进行生产时,需要支付一定的费用,由环境规制引致的企业用于污染防治的支出或(和)缴纳的排污税等,就是使用环境资源的价格,它与资本、劳动力和物质等共同作为企业的生产要素,用于产品生产。所以环境规制政策的实施,必然使企业在正常的生产成本之外,额外支付一定的污染治理费用(成本),从而导致生产成本的增加。

(2) 生产成本的增加,在技术状况和供需条件不变情况下,必然导致生产率和利润率的降低。

不包括环境投入要素的标准生产函数为 $Q = F(X)$,Q 是产出,X 是投入向量(包括资本、劳动力和物质等)。生产率是投入与产出的比值,通常采用劳动生产率和全要素生产率来衡量。环境规制要求企业投资于污染的防治,将环境资源也作为生产要素纳入生产函数中。因此,包含环境资源使用成本的生产函数可以写成 $Q = F(X,E)$,其中 E 是环境资源使用的成本,也就是服从规制的成本。由于新增的污染治理投入没有用于生产,在产出不变和技术状况既定的情况下,生产成本的增加必然导致生产率的下降。此外,生产成本的增加也必然使产品价格的上升,在供需条件不变的情况下,必然导致利润和利润率的降低。

(3) 为服从环境规制而进行的污染治理投资,可能挤占其他生产性投资,从而导致产出和利润率的下降。

在环境规制下,企业为了达到污染排放的标准,或使生产过程和产品达到环境保护的要求,必须增加与环境保护有关的投资。这些投资包括,购买和安装污染治理设备,维持污染治理设备的正常运行,对生产过程进行改造等。在资源有限的情况下,环境规制将迫使企业将原来用于生产的资本、劳动力和物质等投入用于污染治理,生产函数由 $Q = F(X)$ 变为 $Q_E = F(M,E)$,其中 $X = M + E$,生产性投入为 $M = X - E$。由于污染治理投资挤占了生产性和盈利性投资,从而导致产出下降 $Q_E < Q$。在供需条件和价格不变的情况下,产出的下降也必然导致利润率的降低。

第6章 环境规制对工业企业绩效的影响

但是从动态效应上看,环境规制不仅会使生产成本发生变化从而对企业绩效产生直接影响,而且还会使企业的进入状况和技术创新行为发生变化,从而对企业绩效产生间接影响。就对企业进入及企业绩效的影响而言,环境规制通过提高企业必要资本量和对新企业施加更为严格的标准,可能会成为企业进入的壁垒,阻碍企业进入,降低市场竞争程度,从而导致产业盈利能力和利润率的提高;就对技术创新及企业绩效的影响而言,环境规制通过需求拉动和技术推动,对技术创新行为产生一定的促进作用,并借此提高企业经济绩效。

因此,环境规制对工业企业经济绩效的影响,是各种直接和间接效应综合作用的结果,是通过对生产成本、企业进入和技术创新等影响的传导机制而产生的。既有直接效应,也有间接效应;既有积极作用,也有消极作用,如图6-1所示。只有静态和动态相结合地考察环境规制对工业企业经济绩效影响的传导机制,才能对环境规制对工业企业经济绩效的最终影响结果作出准确的解释。

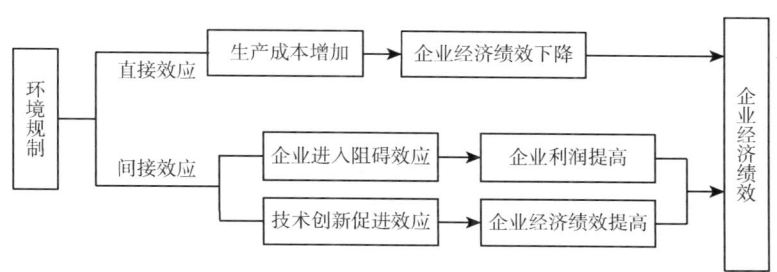

图6-1 环境规制对工业企业经济绩效的影响机理

在实证研究方面,许多学者对环境规制与工业企业经济绩效的关系进行了分析。现有文献主要集中于验证环境规制政策对企业生产率和成本的影响。大多数研究者发现,严格的环境规制对企业的经济绩效有负面的影响。许多早期的经验研究发现,政府的环境管制政策将付出降低生产率和经济增长的代价(Jorgenson and Wilcoxen,1990)。例如,Gray(1987)研究发现,美国的环境管制使20世纪70年代制造业生产率的年均增长速度下降了0.17~0.28个百分点,占到了同期制造业生产率下降幅度的12%~19%。其他针对细分的具体行业(例如,造纸、化工、金属采掘、电力、造纸、石油、钢铁等行业)的研究也得到了类似的发现(例如,Gollop and Roberts,1983;Barbera and McConnell,1990;Gray and

Shadbegian，1995）。

近年来，一些学者继续发现了环境规制不利于工业企业经济绩效的证据。Levinsohn 和 Petrin（2003）针对美国造纸业的数据分析发现，虽然美国造纸业的污染控制成本很高，但是造纸业的生产率却长期处于一个低水平线上，意味着严格的环境管制降低了美国造纸业的生产率。另一篇针对美国制造业的研究文献发现，环境管制降低了美国制造业的生产率，但是其效应却是微不足道的（Becher，2011）。许士春（2007）根据我国企业的现状和发展以及所面对的环境规制政策，发现"波特假说"不具有一般性，它只在某些特殊情况下才有效。陈艳莹和孙辉（2009）从 X 无效率和引致技术进步两个角度分析环境管制与企业竞争的关系，发现环境管制虽然能提高企业效率，但并不一定能增强企业的竞争优势。Brannlund、Fare 和 Grosskopf（1995）采用非参数、线性规划方法，以瑞典纸装和造纸工业的部分模拟数据研究了环境规制对利润的影响。他们用允许排放污染的绝对数额来衡量环境规制，最后得出样本中的大多数公司不受环境规制的影响，甚至有一些公司出现低的利润。Damall 等（2007）的研究结果表明，严格的环境规制政策对企业的经济绩效产生了负面影响。

另一部分学者发现了环境规制对工业企业经济绩效有积极影响的结果。Berman 和 Bui（2001）对以排污费或治污设备投资来衡量环境管制的处理方式提出了质疑。它们以美国的石油冶炼行业为例，发现洛杉矶实行更加严格的空气质量管制，使当地石油冶炼业的生产率增速远远高于美国其他地区的石油冶炼业。尽管严格的环境管制增加了洛杉矶石油冶炼业的污染控制投资，但污染控制投资则显著地提高了生产率。其他文献采用墨西哥近海石油和天然气开采业数据（Managi et al.，2005）、日本的制造业数据（Hamamoto，2006）、加拿大魁北克省的制造业数据（Lanoie et al.，2008）以及中国台湾的工业数据（Yang，2012）的研究也发现了环境管制提高生产率的证据。

针对环境规制与工业企业经济绩效关系研究的矛盾结论，Laonie 等（2008）指出，大多数关于环境规制对工业企业经济绩效影响的研究没有考虑到环境规制的滞后效应，而主要是进行即期影响的分析，因而得出了负的影响的结论。实际上，环境规制与工业企业经济绩效之间的关系是动态的。Laonie 等（2008）通过以加拿大魁比克 17 个制造行业为样本进行研究,发现环境规制对企业生产率的即期影响是负的,但引入环境规制的滞后三期和滞后四期滞后变量时,却发现了相反的结果。也就是说,严格的环境规制对产业经济绩效有显著的积极影响,尽管这一效应存在着时间滞后,而且这种效应对于高度面临外部竞争的行业来说更为重要。

因此,基于上述理论和实证分析,本书提出如下相对应的研究假设:

H12:在其他条件保持不变的情况下,政府严格的环境规制即期内会对工业企业的经济绩效产生负面影响,但从长期来看,能促进工业企业经济绩效的提高。

6.1.2 数据来源与模型设计

参照 Gray 和 Shadbegian's(2003)和第 4 章实证模型(4.2),环境规制对工业企业经济绩效的直接影响模型设置如下:

$$Firmcompt_{it} = \beta_0 + \beta_1 \ln RD_{it} + \beta_2 \ln ER_{i,t-1} + \beta_3 \ln COST_{it} \\ + \beta_4 \ln SIZE_{it} + \beta_5 GROWTH_{it} + \delta_i + \varepsilon_{it} \quad (6.1)$$

其中,$Firmcompt_{it}$ 表示 i 行业工业部门在第 t 年的企业经济绩效及竞争力水平。为了能获得关于环境规制与工业企业经济绩效两者关系更加稳健的结果,这一部分,我们仍然采用总资产贡献率(ROA)作为主要被解释变量,全员劳动生产率(LABOR)作为总资产贡献率的替代变量,来对工业企业经济绩效进行衡量,以能与现有大多数文献将生产率作为因变量的实证结果进行比较。RD 表示企业的全部 R&D 投入。ER 代表环境规制、COST 代表成本费用利润率、SIZE 代表企业规模、GROWTH 代表行业成长性,这五个控制变量的定义与第 4 章和第 5 章相同。模型究竟是选择固定效应模型还是选择随机效应模型的标准同上。本小节的样本和数据来源同第 4 章和第 5 章。

6.1.3 实证结果及分析

表 6-1 和表 6-2 列出了分别以工业企业总资产贡献率(ROA)和全员劳动

生产率（LABOR）作为自变量的回归结果。两表中模型Ⅰ均显示滞后一期的环境规制对企业的总资产贡献率和全员劳动生产率有显著的促进作用。严格的环境规制与企业的经济绩效存在着正相关关系，从而在滞后一期支持了"波特假说"。这表明环境质量改善和企业竞争力提升共存的双赢（win – win）结果在滞后一期能实现。

表 6 – 1　　　　　　环境规制对工业企业经济绩效的直接影响

解释变量	因变量：Firmcompt（以总资产贡献率 ROA 表示）		
	模型Ⅰ（RE）	模型Ⅱ（RE）	模型Ⅵ（RE）
lnRD	0.0149 *** (3.66)	0.0149 *** (3.11)	0.0159 *** (2.69)
ER（-1）	0.0093 *** (6.65)		
ER（-2）		0.0102 *** (6.04)	
ER（-3）			0.0096 *** (4.56)
lnSIZE	-0.0670 *** (-2.67)	-0.0785 *** (-2.59)	-0.0904 *** (-2.69)
GROWTH	0.0146 (1.22)	0.0047 (0.36)	0.0030 (0.21)
COST	0.6624 *** (21.77)	0.6704 *** (20.78)	0.7052 *** (18.48)
常数项	-0.0087 (-0.24)	0.0148 (0.33)	0.0282 (0.53)
R^2	0.7254	0.7233	0.7029
模型类别	随机效应	随机效应	随机效应
豪斯曼检验	3.26 [0.7753]	2.77 [0.8377]	1.39 [0.9665]
样本数	259	222	185

注：括号中的数字 FE 为 t 统计值，RE 为 z 统计值；***、**、* 分别代表在 1%、5%、10% 水平上显著。模型Ⅵ中 RD 代表全部 R&D 支出。

表 6-2　　环境规制对工业企业经济绩效的直接影响

因变量：Firmcompt（以全员劳动生产率 LABOR 表示）			
解释变量	模型 I（RE）	模型 II（FE）	模型 VI（FE）
lnRD	0.4920*** (18.2)	0.4389*** (15.07)	0.3886*** (12.94)
ER(-1)	0.0168** (1.76)		
ER(-2)		-0.0005 (-0.04)	
ER(-3)			-0.0017 (-0.14)
lnSIZE	-0.8699*** (-4.88)	0.1889 (0.67)	0.4086 (1.38)
GROWTH	-0.0084 (-0.11)	0.0834 (1.22)	0.1196** (1.99)
COST	0.9881*** (4.91)	0.7330*** (4.12)	0.6650*** (3.86)
常数项	8.5879*** (33.67)	7.2897*** (20.18)	7.4995*** (18.29)
R^2	0.7733	0.8029	0.7837
模型类别	随机效应	固定效应	固定效应
豪斯曼检验	15.54 [0.0164]	24.87 [0.0004]	23.09 [0.0008]
样本数	259	222	185

注：括号中的数字 FE 为 t 统计值，RE 为 z 统计值；***、**、* 分别代表在 1%、5%、10% 水平上显著。模型 VI 中 RD 代表全部 R&D 支出。

但是，环境规制的一年滞后期没有充分考虑企业感受到环境规制压力，开展创新活动，发现并采用新技术，到最后对经济绩效产生影响所需的时间，借鉴 Laonie 等（2008）和 Yang 等（2011）的方法，我们估计了滞后二期和三期的环境规制对企业经济绩效的影响。

表 6-1 和表 6-2 中模型 II 和模型 VI 分别显示了滞后二期和三期的环境规制对企业经济绩效影响的回归结果。我们发现，滞后二期和三期的环境规制仍然对

以总资产贡献率衡量的企业经济绩效有显著的促进作用,这在企业总资产贡献率方面论证了 Lanoie 等(2008)和 Yang(2011)的发现,在长期支持了"波特假说"。由于在第 5 章我们研究发现环境规制引致的 R&D 投入并不能促进企业总资产贡献率的提高,因此环境规制对企业总资产贡献率的直接积极影响主要是由环境规制引致的其他因素包括企业的资本流动增加而非环境规制引致的 R&D 投入带来的。

但是值得注意的是,滞后二期和三期的环境规制对以全员劳动生产率衡量的企业经济绩效有效果不显著的抑制作用。说明从长期来看,高强度环境规制更能促进企业提高资产的获利能力,却不利于企业生产效率和劳动投入经济效益的提高。表明严格的环境规制损害了企业的全员劳动生产率。这一结果产生可能的原因是:在严格的环境规制下,企业的环保投入挤占了企业人员的工资支出和培训费用,从而导致了企业全员劳动生产率的降低。事实上,Porter 和 van der Linde(1995)也只是认为,可能只有"适宜的"(well-designed)的环境规制才能引致企业创新,即基于绩效导向和市场导向的环境管制可能才会引致企业创新(Ambec et al., 2011)。同时,环境规制并非是"免费的午餐",即使环境规制提高了企业全员劳动生产率,但由规制引起的全员劳动生产率增长收益也不一定能完全抵消环境规制的成本。

另外,值得注意的是,企业 R&D 投入对以总资产贡献率和全员劳动生产率衡量的企业经济绩效有显著的促进作用,这主要是来源于企业除环境规制引致的 R&D 投入之外的剩余 R&D 投入即例行 R&D(Scheduled R&D)的作用。

6.1.4 小结

本部分实证研究了严格的环境规制对工业企业经济绩效的直接影响,得到以下几个主要结论:

(1)环境规制对工业企业的总资产贡献率(ROA)和全员劳动生产率(LABOR)具有不同的直接影响。严格的环境规制无论是在滞后一期还是滞后二期、滞后三期,都能显著促进以总资产贡献率衡量的工业企业经济绩效的提高;但是对以全员劳动生产率衡量的工业企业经济绩效而言,仅在滞后一期具有显著的促进作用,而在滞后二期、滞后三期具有效果不显著的抑制作用。

(2)企业的 R&D 投入是工业企业经济绩效增强的重要来源,企业的 R&D 投入无论是对总资产贡献率还是全员劳动生产率都有显著的促进作用,而且这一促进作用主要归结于除环境规制引致的 R&D 投入之外的剩余 R&D 投入即例行 R&D(Scheduled R&D)的作用。

6.2 环境规制对工业企业环境绩效的影响

6.2.1 理论分析与研究假设

政府环境规制主要是通过产生企业的进入退出壁垒和迫使企业进行治污技术创新等方式影响工业企业的环境绩效(冯卓,2013),如图 6-2 所示。

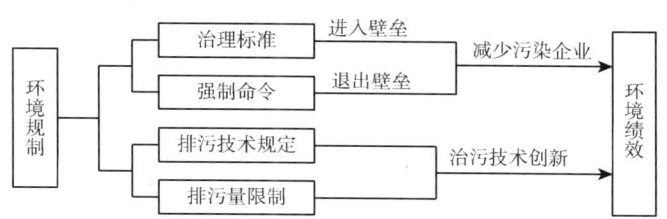

图 6-2 环境规制对工业企业环境绩效的影响机理

政府环境规制政策体系中的行政法规包括两个方面内容:一是提高环境污染治理标准;二是强制命令重污染企业退出市场。前一种规制相当于提高了进入壁垒,后一种规制相当于降低甚至取消了退出壁垒。环境规制政策通过提高进入壁垒和降低退出壁垒,来影响工业行业市场集中度,从而对企业环境绩效产生影响。

从提高进入壁垒来看,当政府执行较高的环境污染治理标准时,对于新企业来说,必须达到相关标准企业才能进入市场,而这些执行严格标准的新企业进入市场后必然会对环境污染的治理起到积极的作用。从降低退出壁垒来看,工业行业中企业的退出行为更多地呈现出政府采取强制措施，要求不符合规定的污染企业退出市场。通过政府的环境规制政策的实施，淘汰了一批技术落后，污染严重的企业，使工业企业的退出壁垒降低，工业企业中某些行业的市场集中度得到了很大的提高，而留在行业中的大企业也更容易遵从国家的环境规制政策。企业对国家产业环境规制政策的认真实施，使生产企业"三废"排放量明显减少。因而，由于企业进入壁垒的提高和退出壁垒的降低造成的工业行业市场集中度的提高进而对环境绩效有正影响。

另外，政府制定的环境规制政策又会通过排污技术上的强制规定和排污量进行限制对企业的环境绩效带来影响。当政府对工业企业的排污技术设置严格规定时，部分无法满足规定的企业会做出以下两种选择：第一种选择被迫退出现在市场；第二种选择留在市场（被兼并或形成战略联盟）。当企业选择留在市场中时，该企业就必须加大治污治理创新行为的力度，进而满足政府在排污技术上的严格规定。当工业企业迫于政府环境规制政策的压力，采用治理的污染技术创新时，从经济效益看会造成成本的增加，而从环境效益看，由于企业采用技术含量较高的治理污染的创新技术，使生产企业在生产过程中污染物的排量减少，进而使整个社会的生态环境得到改善，环境绩效得到提高。

在实证研究方面，许多学者对环境规制与工业企业环境绩效的关系进行了分析。大多数研究者发现，严格的环境规制对企业的环境绩效有正面的影响。Magat 和 Viscusi（1990）利用来自 EPA 以及制装和造纸行业的纵向数据库的 1982~1985 年 77 家企业的季度数据，通过 OLS 估计法以及最大似然估计法对加入被解释变量 4 阶滞后项的线性方程进行回归分析。研究发现，纸浆、造纸类企业大约 20% 的生物含氧量排放量因环境规制的存在而减少。Laplante 和 Rilstone（1996）通过对 59 家企业的 46 次月度报告研究发现，环境规制及其威胁将对污染的排放产生反向的影响，过往的监管将有效地降低企业大约 28% 的生物含氧量的绝对排放量。此外，环境规制同时可以增加这些生产企业的自我报告频率，有利于稀缺监管资源的合理配置。Khanna 和 Kumar（2000）利用 1994~1996 年 134 家标准普尔 500 指数公司的非平衡面板数据，研究环境管理体系（EMSs）对划算地减少有毒物质排放及增加环境规制管制有效性的潜力。研究表明，能有效划算地减少有毒物质排放的全面 EMS 以及对未来采取高强度规制的威胁能够促使企业提高其环境效率。Dasgupta 等（2001）对 1993~1997 年中国镇江污染性企业（包括木材、食品及石油等加工企业）的相关数据进行 GMM 估计发现，环境规制监管可以降低 0.40%~1.18% 的总悬浮固体及化学需氧量引起的水污染排放量，同时减少大约 0.34% 的空气污染排放量。Gamper-Rabindran 和 Finger（2013）利用 1988~2001 年 1759 家企业的面板数据，探究加入"责任关怀"联盟的企业的自我规制的有效性。模型 GMM 估计结果表明，由于缺乏第三方机构的认证，相对于非"责任关怀"企业，加入"责任关怀"的企业排放物中有毒物质的比重平均提高 15.9%。张红凤（2009）基于山东经验，利用 1986~2005 年山东和全国的数据，研究发现山东环境规制严格于全国，推动山东环境规制的效率优于全国平均水平，在相同 GDP 水平下，山东人均污染排放量要低于全国人均污染排放量。何小钢等（2011）利用"污染排放需求—供给"拓展模型，选取 2000~2009 年中国工业中 36 个行业的面板数据，从环境规制、行业特征的角度考察工业 CO_2 排放的影响因素。固定效应模型的回归结果表示，正式规制代理变量（行业污染治理费用）与 CO_2 的排放强度显著负相关。贾瑞跃等（2012）通过引入 n 维欧式空间上的范数建立评价模型，测度 2003~2010 年中国 30 个省区市的工业污染控制绩效，并通过固定效应模型对环境规制的工业污染控制绩效进行实证检验。研究表明，自 2003 年以来，我国工业污染控制绩效得到快速提升。

因此，基于上述分析，本书提出如下相对应的研究假设：

H13：在其他条件保持不变的情况下，政府严格的环境规制能促进工业企业环境绩效的提高。

6.2.2 模型设计、变量定义和数据来源

6.2.2.1 模型设计

同 5.3 节，我们将工业废水和工业二氧化硫（SO_2）的排放水平看作是衡量工业企业环境绩效提高或降低的标准，因此将环境规制强度作为对环境绩效影响的重要因素，被解释变量是工业废水排放量和工业二氧化硫（SO_2）排放量，解

释变量是环境规制强度。此外,还有许多其他因素可能影响环境绩效,包括企业规模、市场集中度和 R&D 投入水平在环境规制政策执行过程中都会对环境绩效产生影响,为了控制住这些因素,我们将它们作为控制变量,包含在模型当中。为了便于比较,所有变量均采用对数形式。基本计量方程为:

$$\ln EP_{it} = \beta_0 + \beta_1 \ln EP_{i,t-1} + \beta_2 \ln RD_{it} + \beta_3 \ln ER_{i,t-1}$$
$$+ \beta_4 \ln SIZE_{it} + \beta_5 \ln COMPET_{it} + \widetilde{\beta It} \quad (6.2)$$

其中,变量下标 i 代表不同工业行业,下标 t 代表不同的年份。EP_{it} 表示 i 工业行业在 t 年的环境绩效。ER_{it} 表示 i 工业行业在 t 年的环境规制强度,为解释变量。为获取长期的动态影响,将被解释变量的滞后一期也作为解释变量。RD_{it} 表示 i 工业行业在 t 年的研发投入水平。由于环境规制政策存在滞后性,因此本书考虑在滞后一期的情况下考察环境规制对环境绩效的影响。$SIZE_{it}$ 表示 i 工业行业在 t 年的企业规模;$COMPET_{it}$ 表示 i 工业行业在 t 年的行业竞争程度。ε_{it} 表示误差项。

其中,$\widetilde{\beta It} = V_i + \varepsilon_{it}$,由于 EP_{it} 是 V_i 的函数,$EP_{i,t-1}$ 也是 V_i 的函数,因此模型中解释变量 $EP_{i,t-1}$ 与 V_i 相关,X 也与 V_i 相关,即 $Cov(X, V_i) \neq 0$,表明解释变量和误差项之间存在相关性。如果直接对方程进行回归分析,所得出的回归结果不但是有偏的,而且是非一致的。当解释变量和误差项存在相关性时,可以通过扩大样本容量和引进工具变量的方法来解决面板回归过程中的自相关和内生性问题。在具体分析过程中,选择较多的工具变量是弱外生变量的滞后项,通过对弱外生变量进行一阶差分,消除变量的个体效应,获得一致性估计结果。但是考虑到一阶差分难以完全消除解释变量与残差项之间的自相关性,在实证分析中,本书采用动态 GMM 法对模型进行回归分析。动态 GMM 法对模型进行回归分析。动态 GMM 法通过引进滞后的弱工具变量,并在差分方程中引进一组滞后的解释变量,从而有效地克服了回归中的自相关性导致的有偏回归结果。

6.2.2.2 变量定义和数据说明

(1) 被解释变量:环境绩效(EP)。

该指标的衡量同 5.3 节。

（2）环境规制（ER）。

该指标的衡量同第 4 章。

（3）R&D 水平（RD）。

选用各行业大中型工业企业的研发投入经费来衡量。

（4）企业规模（SIZE）。

选用各行业大中型工业企业总产值与企业单位数的比值来衡量。

（5）行业竞争程度（COMPET）。

该指标的衡量同 5.3 节，选用企业数来表示。

本书中所有数据均来源于 2003~2011 年历年《中国统计年鉴》《中国环境统计年鉴》《中国环境统计年报》《中国科技统计年鉴》中的相关数据。主要变量的描述性统计如表 6-3 所示。

表 6-3　　　　　　　　　主要变量的描述性统计

	观测数	均值	标准差	最小值	最大值
SO_2	333	6.19177	14.38149	0.0135152	161.953
WW	333	1.519157	2.662645	0.0113487	23.53842
lnRD	333	11.94715	1.799005	6.893656	15.74159
ER	333	3.367528	4.125689	0.1774424	24.92525
lnSIZE	333	1.652318	0.9082354	0.3668069	4.722878
COMPET	333	6.405463	0.9982523	3.970292	8.220403

6.2.3　实证结果及分析

本书采用 Stata 12.0 进行回归。为了有效地消除变量之间的自相关性，本书运用差分动态 GMM 式对模型进行估计，在分析过程中利用差分转换的方法消除个体的横截面效应。表 6-4 和表 6-5 分别列出了环境规制对工业企业二氧化硫（SO_2）排放和废水（WW）排放的直接影响的回归估计结果。

表 6-4　环境规制对工业企业二氧化硫（SO_2）排放水平的影响

变　量	SO_2
SO_2（-1）	0.3254***
	(2.50)
ER（-1）	-1.5431
	(-1.46)
RD	-2.9413
	(-1.53)
lnSIZE	1.0454
	(0.18)
COMPET	11.7540
	(1.20)
C	-12.5862
	(-0.41)
Sargan 检验	30.2371
	(0.2579)
AR（1）	-1.2582
	(0.2083)
AR（2）	1.26
	(0.2077)

注：① ***、**、* 分别代表在1%、5%、10%水平上显著，括号中的数字为 Z 统计量；②Sargan 检验一栏中列出的为过度识别的检验值，AR（1）、AR（2）分别表示一阶和二阶残差系列的 Arellano-Bond 自相关检验。

表 6-5　环境规制对工业企业废水（WW）排放水平的影响

变　量	WW
WW（-1）	0.8165***
	(31.20)
ER（-1）	-0.1224**
	(-1.73)
RD	0.0204
	(0.06)
lnSIZE	-0.3114
	(-0.60)
COMPET	0.2280
	(0.71)
C	-0.7357
	(-0.43)

续表

变　量	WW
Sargan 检验	27.58087
	(0.3794)
AR（1）	-1.6774
	(0.0935)
AR（2）	0.97364
	(0.3302)

注：① ***、**、*分别代表在1%、5%、10%水平上显著，括号中的数字为 Z 统计量；②Sargan 检验一栏中列出的为过度识别的检验值，AR（1）、AR（2）分别表示一阶和二阶残差系列的 Arellano-Bond 自相关检验。

表6-4 中 Sargan 检验零假设的过度识别约束都是有效的。该检验不但要求残差的一阶差分项是负相关，而且要求不存在二阶以上的相关性。通过对模型进行回归，Sargan 检验的 P 值为 0.2579，接受了原假设，即表6-4 中模型所引进的工具变量的选择均是合理有效的；差分方程得到的残差服从 AR（1）和 AR（2）过程，AR（1）的 P 值为 0.2083，表明拒绝不存在一阶自相关的原假设，变量之间存在一阶自相关；AR（2）的 P 值为 0.2077，表明样本的残差序列只存在一阶负相关，不存在二阶以上的序列相关性。表6-4 的 Sargan 检验、AR（1）和 AR（2）的结果均表明，模型中工具变量的选择是合理的，且模型的识别是有效的。通过分析表6-4 的回归检验结果，我们发现：

（1）上一期的 SO_2 排放对当期的 SO_2 排放具有一定的助推作用，SO_2 排放量的一阶滞后项系数为 0.3254，且在 1% 的水平上显著，上一期 SO_2 排放与下一期的 SO_2 排放量显著正相关。说明 SO_2 的排放存在一定的持续性，前期排放量会影响当期的排放量，这与第 5 章的研究发现相同。

（2）环境规制对企业的 SO_2 排放有抑制作用，环境规制对 SO_2 排放量的影响估计系数为 -1.5431，环境规制强度每增加一个单位，SO_2 排放量约减少 1.5431 个单位，但是效果并不显著。说明目前我国政府严格的环境规制并不能有效抑制工业 SO_2 的排放，可能的原因是，我国的环境规制政策体系以"命令—控制"型为主，而更能激励企业减少污染排放的灵活的规制政策以排污权交易等为代表的"基于市场"型环境规制政策起辅助作用，因而导致不能显著减少工业 SO_2 的排放。

（3）企业的全部 R&D 投入对企业的 SO_2 排放有抑制作用，企业全部 R&D 投

入对 SO_2 排放量的影响估计系数为 -2.9413，企业的全部 R&D 投入每增加一个单位，SO_2 排放量约减少 2.9413 个单位，但是效果也并不显著。说明目前我国全部 R&D 投入并不能有效抑制工业 SO_2 的排放，可能的原因是，虽然环境规制引致的 R&D 投入能显著抑制 SO_2 的排放，但是除环境规制引致的 R&D 投入之外的占企业绝大多部分的其他 R&D 投入却不能显著抑制 SO_2 的排放，从而造成了企业整体 R&D 投入不能有效减少 SO_2 排放量。

（4）行业竞争程度加剧了 SO_2 的排放，SO_2 排放量的影响估计系数为 11.7540，行业竞争程度每增加一个单位，SO_2 的排放量将增加 11.7540 个单位，但效果并不显著。可能的原因同前面 5.3 节。

表 6-5 中 Sargan 检验零假设的过度识别约束同样是有效的。该检验不但要求残差的一阶差分项是负相关，而且要求不存在二阶以上的相关性。通过对模型进行回归，Sargan 检验的 P 值为 0.3794，接受了原假设，即表 6-5 模型中所引进的工具变量的选择均是合理有效的；差分方程得到的残差服从 AR（1）和 AR（2）过程，AR（1）的 P 值为 0.0935，表明拒绝不存在一阶自相关的原假设，变量之间存在一阶自相关；AR（2）的 P 值为 0.3320，表明样本的残差序列只存在一阶负相关，不存在二阶以上的序列相关性。表 6-5 中的 Sargan 检验、AR（1）和 AR（2）的结果均表明，模型中工具变量的选择是合理的，且模型的识别是有效的。通过分析表 6-5 的回归检验结果，我们发现：

（1）上一期的废水排放对当期的废水排放具有一定的助推作用，废水排放量的一阶滞后项系数为 0.8165，且在 1% 的水平上显著，上一期废水排放与下一期的废水排放量显著正相关。说明 SO_2 的排放存在一定的持续性，前期排放量会影响当期的排放量，这与第 5 章的研究发现相同。

（2）环境规制对企业的废水排放具有显著的抑制作用，环境规制对 SO_2 排放量的影响估计系数为 -0.1224，且在 5% 的显著性水平下显著，环境规制强度每增加一个单位，废水排放量约减少 1.1224 个单位，说明我国当前的环境规制政策有利于抑制企业污水的排放，这与环境规制对企业 SO_2 排放的抑制效果不够显著不同。可能的原因是，当前我国环境规制政策体系中关于水污染防治方面的一系列政策法规实施效果较好，因而能对企业不断减少工业废水的排放发挥积极的激励作用。

（3）企业的全部 R&D 投入和行业竞争程度对企业的废水排放都有效果不显著的加剧作用，影响估计系数分别为 0.0204 和 0.2280；企业规模对废水排放有效果不显著的抑制作用，影响估计系数为 -0.3114。

6.2.4 小结

本小节构建了一个含有被解释变量滞后一期的动态回归模型，采用差分 GMM 方法进一步分析了环境规制对以工业二氧化硫（SO_2）和工业废水（WW）排放水平衡量的企业环境绩效的直接影响，研究发现：

（1）我国目前的环境规制政策对改善环境质量确实发挥了应有的促进作用，但对改善大气和废水的质量具有效果不同的影响。环境规制对企业的工业废水排放具有效果显著的抑制作用，而对企业的工业二氧化硫（SO_2）的排放具有效果不显著的抑制作用，因而，当前的环境规制政策更有利于减少企业工业废水排放量。

（2）企业的全部 R&D 投入对改善大气和废水的环境质量具有效果不同的影响。企业的全部 R&D 投入对企业的 SO_2 排放有效果不显著的抑制作用，但对企业的废水排放有效果不显著的加剧作用。

6.3 中国《水污染防治法》（2008）的修订与工业企业经济绩效

本小节我们以中国《水污染防治法》（2008）年修订这样一个自然实验，检验中国的环境立法规制对工业企业经济绩效的影响。

6.3.1 一次自然实验：中国《水污染防治法》（2008）的修订

水污染是中国面临的最主要的环境问题之一。国家环保总局公布的数据显示，在 198 个城市 4929 个地下水监测点位中，优良—良好—较好水质的监测点比例为 42.7%，较差—极差水质的监测点比例为 57.3%。农村地区的水环境问题更为严重，试点村庄饮用水源地的水质达标率仅77.2%，地下水饮用水源地水质达标率仅70.3%。地表水达标率只有64.7%。①

面对日益严重的水污染，中国政府早在1984年就制定颁布了《水污染防治法》（简称WPPCL），②并在1996年对其进行了第一次修订，修订后的WPPCL1996对各级地方政府和国务院各部委的水污染防治监督管理，以及生产单位的排污要求和责任都作了相应的明确法律规定。随后由于社会经济发展的需要和环境问题的日益恶化，中国政府在2008年又对WPPCL进行了第二次修订（简称WPPCL2008），③使WPPCL包括的法律条文由之前的62条增加到了92条。

与WPPCL1996相比，WPPCL2008不仅增添了新的内容和新的法律规范，而且也使原有的法律规范得到了更具体的充实和完善，对地方政府在水污染防治中的权力和责任、重点水污染物排放总量控制制度、排污许可证制度、违法排污处罚制度和水污染损害赔偿责任制度等均做了更加明确和具体的规定。除上述几个方面外，WPPCL2008还在内容上完善了许多水污染防治法律制度，例如，首次将工业水污染防治规定进行单独列出；加强了关于船舶的水污染防治的规定；增加了对排污口设置的规定；将水污染事故的处置与应急制度相联系，使制度之间得以相互配合、获得更加有效的实施；增加了生态补偿制度的条款，为该制度的建立提供了立法基础。

所谓的自然实验（natural experiment），即准实验（quasi-experiment），由于一些外生事件的发生，例如，政府政策变化，导致个体（如个人、家庭、企业、城市等）的生活工作条件发生变化（靳云汇、金赛男，2011）。自然实验都有控制组和处理组，控制组不受政策变化影响，处理组则受政策变化的影响。与随机控制实验不同，控制组和处理组不是随机分配产生，而是由于特定政策变化自然产生的。中国《水污染防治法》满足自然实验的基本条件，因而是一个代表性的自然实验。

中国WPPCL在2008年的一次修订，完善了WPPCL的内容和法律规范，进一步强化了社会组织的污水减排和污水治理的激励。因此，我们能将WPPCL2008的

---

① 环境保护部《2012中国环境状况公报》。
② 1984年中华人民共和国主席令第12号令。
③ 2008年中华人民共和国主席令第87号令。

修订作为一次自然实验，并以此评估环境规制对我国工业企业经济绩效的影响，因为，如果环境管制的确显著影响了工业企业经济绩效，那么，水污染密集型和非水污染密集型行业的经济绩效水平在 WPPCL2008 修订前后的变化将会有明显的差异。具体来说，在本书中，我们将以中国工业二位数行业数据为样本，通过评估水污染密集型行业和非水污染密集型行业的经济绩效在 WPPCL2008 修订前后的增长差异，并由此判断我国的环境规制可能产生的工业企业经济绩效增长效应。

与既有文献相比，本书的贡献主要包括两个方面：第一，本书通过采用 WPPCL2008 的修订这样一个自然实验，评估环境规制对工业企业经济绩效的影响，结论可能更加稳健。目前大多数文献以企业缴纳的排污费或企业治污运行成本来衡量环境规制，以评估环境规制对企业经济绩效的影响，对环境规制的度量可能存在较为严重的测量误差问题（Berman and Bui，2001），进而使其结论可能也是有偏误的。因为，污染控制成本在实际中是很难被清晰的界定的，例如，如果企业购入具有更高生产率的新设备，进而提高了企业生产率和减少了污染排放。这时，企业完全有可能将这些新设备费用计入污染治理成本账目，以应对其所面临的环境管制。本书凭借 WPPCL2008 的修订这样一个自然实验，能有效地避免上述问题。第二，本书也是对有关争议中国书面法律重要性的研究文献的有益补充。文献研究指出，制度是先于经济增长且是长期增长的基本源泉（Acemoglu et al.，2004），书面法律作为最基础和重要的制度安排，其重要性也是题中之意。但现有文献对中国环保书面法律的重要性持怀疑态度，主要原因是环保法律的执行效率是非常低的（Allen et al.，2005）。Beyer（2006）指出，中国没有有效的监督机制能确保国家层面的政策能在地方层面得到执行。过量排放费用常常受制于个人的谈判，而且，地方规制者更倾向取悦当地商业利益而不是远处的国家权威。这一问题由于许多最大的污染企业是国有企业的事实而变得更加复杂（Lo et al.，2006），结果就是环境规制的广泛未执行。本书的研究将有助于我们客观合理评价中国的环境书面立法对工业企业经济绩效影响的实际效果。

6.3.2 估计方法

在本书中，为了估计得到《水污染防治法》的修订对中国工业企业经济绩效的净影响，借鉴李树、陈刚（2013）的方法，我们拟采用倍差法（differences-in-differences）来实现这一目的。我们首先构造了水污染密集型工业行业的处理组，其余工业行业作为非水污染密集型行业的对照组，其余工业行业作为非水污染密集型工业行业的对照组。其次，以《水污染防治法》的修订（执行）年份，将样本的时间序列区间（2004~2011年）划分为《水污染防治法》修订前后的两个时期。最后，我们再通过设置 du 和 dt 这二个哑变量，来划分上述4组子样本，其中，变量 du 在处理组的赋值是1，在对照组的赋值是0；变量 dt 在《水污染防治法》修订之前（即2004~2007年）的赋值是0，修订之后（2008~2011）年的赋值是1[①]。在完成对上述样本的界定之后，我们将基准的回归方程设定为如下形式：

$$\text{Firmcompt}_{it} = \beta_0 + \beta_1 du_{it} + \beta_2 dt_{it} + \beta_3 du_{it} \times dt_{it} + \varepsilon_{it} \tag{6.3}$$

其中，下标 i 和 t 分别表示第 i 个行业的第 t 年；ε 是随机扰动项。被解释变量 Firmcompt 是衡量工业行业经济绩效的指标，用总资产贡献率（ROA）和全员劳动生产率（LABOR）指标来衡量。

由回归方程（6.3），我们可以看到属于处理组（即 du = 1 的行业）的工业行业，其工业企业经济绩效在《水污染防治法》（2008年）修订前后两个时期分别为：

$$\text{Firmcompt}_{it} = \begin{cases} \beta_0 + \beta_1 + \varepsilon_{it}, & \text{修订之前}(dt = 0) \\ \beta_0 + \beta_1 + \beta_2 + \beta_3 + \varepsilon i, & \text{修订之后}(dt = 1) \end{cases} \tag{6.4}$$

由（6.4）式可见，处理组行业的企业经济绩效在《水污染防治法》（2008年）修订前后两个时期的差异是 $\beta_2 + \beta_3$，其中同时包括《水污染防治法》的修订以及其他环境相关政策的影响。

同样的，对照组工业行业（即 du = 0 的行业）的企业经济绩效，在《水污染防治法》（2008年）修订前后分别是：

[①] 由于《水污染防治法》在2008年2月28日修订通过，自2008年6月起施行。因此，本书将2008年也视为《水污染防治法》修订后的时期。

$$\text{Firmcompt}_{it} = \begin{cases} \beta_0 + \varepsilon_{it}, & \text{修订之前}(dt=0) \\ \beta_0 + \beta_2 + \varepsilon_{it}, & \text{修订之后}(dt=1) \end{cases} \quad (6.5)$$

对照组工业行业的经济绩效在《水污染防治法》（2008 年）修订前后的差异是 β_2。此时，上述差异中并没有包含《水污染防治法》（2008 年）修订对经济绩效的影响信息，更多地反映了其他环境相关政策的影响。因此，由处理组行业的经济绩效在《水污染防治法》（2008 年）修订前后的差异（$\beta_2 + \beta_3$），减去对照组行业的经济绩效在《水污染防治法》（2008 年）修订前后的差异（β_2），能够得到《水污染防治法》（2008 年）修订对工业行业经济绩效的净影响。变量 $du_{it} \times dt_{it}$ 是倍差法估计量（differences-in-differences estimator）。对于其他系数来说，β_1 反映了处理组行业经济绩效相对于对照组行业的不随时间变化的差异；β_2 反映了《水污染防治法》（2008 年）修订前后，除去《水污染防治法》（2008 年）修订之外的其他因素对处理组行业经济绩效的影响。

由于倍差法分析结果的有效性可能受到变量缺失的威胁，我们也在式（6.3）中加入其他控制变量。

除去环境规制外，我们同样考虑将企业规模（SIZE）、行业成长性（GROWTH）和成本费用利润率（COST）放入了模型中。回归方程扩展为如下形式：

$$\begin{aligned}\text{Firmcompt}_{it} = & \beta_0 + \beta_1 du_{it} + \beta_2 dt_{it} + \beta_3 du_{it} \times dt_{it} \\ & + \beta_4 \text{SIZE}_{it} + \beta_5 \text{COST}_{it} + \beta_6 \text{GROWTH}_{it} \end{aligned} \quad (6.6)$$

其中，企业规模（SIZE）、行业成长性（GROWTH）和成本费用利润率（COST）变量的定义同 6.1 节。

2002 年前后的工业统计分类中细分行业数量和名称均存在一定区别。鉴于此，本书选取的是中国 37 个工业行业 2004~2012 年的面板数据，在中国工业 39 个行业中，由于"其他采矿业"和"废弃资源和废旧材料回收加工业"数据缺失太多，从样本中剔除。本书最终的研究对象为 37 个工业行业。本书研究的所有数据来源于历年《中国统计年鉴》《中国工业经济统计年鉴》。主要变量的描述性统计如表 6-6 所示。

表 6-6 主要变量的描述性统计

Variables	Mean	S. D.	Min.	Max.
ROA	0.1457	0.1145	0.0008	0.8354
LABOR	13.0247	0.7126	11.0865	15.1962
SIZE	2.1845	1.02435	1.0043	6.5833
GROWTH	0.2354	0.1569	-0.2972	1.0672
COST	0.1015	0.1254	-0.0531	0.9924
Obs.	333	333	333	333

6.3.3 实证结果

6.3.3.1 基本结果

WPPCL 主要是对企业的废水排放行为产生约束，因此，WPPCL2008 的修订对水污染密集型行业和非水污染密集型行业的影响是具有明显差异的。在本书中，我们是按照如下的思路来构造水污染密集型行业，即将 2004~2011 年单位产值废水排放量超过全部工业平均水平的行业视为水污染密集型行业，并将这些水污染密集型行业作为处理组；其他单位产值废水排放量低于工业均值的行业视为非水污染密集型行业，这些行业成为对照组。①

在确定了处理组后，我们采用了 OLS 估计了回归方程。结果显示，当以全员劳动生产率（LABOR）衡量企业经济绩效时（见表 6-7），回归方程中不纳入任何控制变量时，倍差法估计量 du×dt 的回归系数在 1% 的显著水平上为正；将企业规模等控制变量全部纳入回归方程之后，倍差法估计量 du×dt 的回归系数仍然在 1% 的显著性水平上为正，WPPCL2008 的修订使水污染密集型行业的企业全员劳动生产率年均增速提高了 1.5 个百分点左右。但是 Woodregde 和 Breusch-Pa-

---

① 2003~2012 年全部工业单位工业产值的废水排放量均值是 0.00075 亿吨/亿元。超过这个平均水平的工业行业有：06 煤炭开采和洗选业、08 黑色金属矿采选业、09 有色金属矿采选业、10 非金属矿采选业、13 农副食品加工业、14 食品制造业、15 饮料制造业、17 纺织业、22 造纸及制品业、26 化学原料及化学制品制造业、27 医药制造业、28 化学纤维制造业、44 电力热力的生产和供应业、46 水的生产和供应业等共 14 个行业。因此，上述 14 个行业构成了处理组，其他行业是对照组。

gan 检验结果表明，回归方程存在显著的一阶自相关和异方差，意味着回归方程的 OLS 估计结果可能不具有有效性。因此，我们进一步采用面板修正标准差法（PCSE）对回归方程的一阶自相关和异方差进行了修正（表 6-7 中第 3 和第 4 列）。修正后的结果显示，倍差法估计量 du×dt 的回归系数仍然分别在 10%（不包括控制变量）和 5%（包括控制变量）的水平上显著为正，说明 WPPCL2008 的修订显著提高了水污染密集型行业的企业全员劳动生产率。

表 6-7　WPPCL2008 对全员劳动生产率（LABOR）的影响

Variable	Model 1（OLS）	Model 2（OLS）	Model 3（PCSE）	Model 4（PCSE）
du×dt	0.163 *** (0.000)	0.135 *** (0.000)	0.089 * (0.056)	0.101 ** (0.016)
dt	1.090 *** (0.000)	1.555 *** (0.000)	1.147 *** (0.000)	1.114 *** (0.000)
du	−0.202 (0.335)	−0.200 (0.340)	−0.232 *** (0.000)	−0.248 *** (0.000)
SIZE		−0.176 *** (0.000)		−0.004 (0.923)
GROWTH		0.131 (0.101)		0.072 (0.379)
COST		0.793 *** (0.000)		0.626 *** (0.000)
C	12.473 *** (0.000)	12.711 *** (0.000)	12.450 *** (0.000)	12.403 *** (0.000)
行业哑变量	Yes	Yes	Yes	Yes
时间哑变量	Yes	Yes	Yes	Yes
R^2	0.8544	0.8736	0.9943	0.9971
行业数	37	37	37	37
样本数	333	333	333	333

注：括号中的数字表示 p 值；***、**、* 分别代表在 1%、5%、10% 水平上显著。

当以总资产贡献率（ROA）衡量企业经济绩效时（见表 6-8），回归方程中不纳入任何控制变量时，倍差法估计量 du×dt 的回归系数为负，但效果并不显著；将企业规模等控制变量全部纳入回归方程之后，倍差法估计量 du×dt 的回归系数在 5% 的显著水平上为负。采用面板修正标准差法（PCSE）对回归方程的一阶自相关和异方差进行修正后，倍差法估计量 du×dt 的回归系数仍然为负，但效果并不显著。上述结果意味着，WPPCL2008 的修订对企业的总资产贡献率和全员劳动生产率带来了不同的影响，WPPCL2008 的修订在使中国工业企业提高水环境质量的同时，能收获全员劳动生产率增长的"双赢"结果，但是却降低了企业的总资产贡献率。

表 6-8　　　　　WPPCL2008 对总资产贡献率（ROA）的影响

Variable	Model 1（OLS）	Model 2（OLS）	Model 3（PCSE）	Model 4（PCSE）
du×dt	-0.003 (0.773)	-0.013** (0.017)	-0.006 (0.512)	-0.002 (0.767)
dt	0.074*** (0.000)	0.121*** (0.000)	0.088*** (0.000)	0.118*** (0.000)
du	-0.020 (0.598)	-0.013 (0.601)	-0.015 (0.633)	-0.020*** (0.001)
Size		-0.023*** (0.001)		-0.023*** (0.000)
Growth		0.015 (0.252)		0.004 (0.863)
Cost		0.665*** (0.000)		0.664*** (0.000)
C	0.116*** (0.000)	0.101*** (0.000)	0.117*** (0.000)	0.103*** (0.000)
行业哑变量	Yes	Yes	Yes	Yes
时间哑变量	Yes	Yes	Yes	Yes
R^2	0.2599	0.7179	0.4017	0.5804
行业数	37	37	37	37
样本数	333	333	333	333

注：括号中的数字表示 p 值；***、**、*分别代表在1%、5%、10%水平上显著。

同时，上述结果还意味着，对中国环保法律的重要性持怀疑态度是值得商榷的，虽然许多文献证实，中国的环境书面法律在实际中普遍存在"非完全执行"（incomplete enforcement）（Wang and Jin, 2007）的情况，但回归结果显示，WPPCL2008 的修订显著影响了中国工业企业的经济绩效，反驳了中国环保法律的重要性值得怀疑的观点。

6.3.3.2 稳健性检验

前面通过倍差法发现，中国 WPPCL2008 的修订显著提高了水污染密集型行业工业企业的全员劳动生产率（LABOR）。但是，倍差法的一个前提假设条件是，如果不存在 WPPCL2008 的冲击，处理组和对照组全员劳动生产率的增长趋势，随着时间的推移并不会有系统性的差异。在本节中，我们将采用反事实法检验上述条件是否成立。具体来说，由于中国 WPPCL2008 的修订只是对企业的废水排放和废水治理行为产生激励和约束，而不会影响企业的废气和固体废物的排放行为。因此，我们可以通过考察 WPPCL2008 的修订分别对废气排放密集型行业（waste gas intensive sector，WGIS）和固体废物排放密集型行业（solid wastes intensive sector，SWIS）全员劳动生产率增长的影响，以检验前面倍差法估计结果的稳健性。如果 WPPCL2008 的修订对 WGIS 和 SWIS 全员劳动生产率增长不具有显著的影响，那么可以认为，如果不存在 WPPCL2008 的冲击，处理组和对照组全员劳动生产率的增长趋势，随着时间的推移并不存在系统性的差异，从而说明之前倍差法的估计结果是稳健的。

首先，我们将 2008 年单位产值废气排放量超过全部工业均值的行业视为 WGIS，并将它们作为处理组，其他工业行业作为对照组。① 方程估计结果显示（表 6-9 中第 1 和第 2 列），倍差法估计量 dt×du 的回归系数并不显著。其次，我们将 2008 年单位产值固体废物排放量超过全部工业均值的行业视为 SWIS，并将它们作为处理组，其他工业行业作为对照组。② 方程估计结果显示（表 6-9 中第 3 和第 4 列），倍差法估计量 dt×du 的回归系数同样是不显著。上述结果意味着，如果不存在 WPPCL2008 的冲击，中国工业全员劳动生产率的增长随着时间的推移，可能并不会存在系统性的差异，从而说明之前倍差法的估计结果是稳健的。

---

① 2008 年，共有 07 石油和天然气开采业、08 黑色金属矿采选业、27 医药制造业、28 化学纤维制造业、31 非金属矿物制品业、32 黑色金属冶炼及压延加工业、33 有色金属冶炼及压延加工业、44 电力、热力的生产和供应业、45 燃气生产和供应业等共 9 个二位数行业单位产值废气排放量超过了 6.51 亿标立方米/亿元的工业均值。

② 2008 年，共有 06 煤炭开采和洗选业、08 黑色金属矿采选业、09 有色金属矿采选业、10 非金属矿采选业、11 其他采矿业、26 化学原料及化学制品制造业、32 黑色金属冶炼及压延加工业、44 电力、热力的生产和供应业等共 8 个二位数行业单位产值固体废物排放量超过了 0.35 万吨/亿元的工业均值。

表 6-9 WPPCL2008 对中国工业全员劳动生产率的影响：反事实法检验

变量	处理组：WGIS		处理组：SWIS	
	(1)		(2)	
du × dt	0.098 0.396	0.072 0.573	0.168 0.083	0.165 0.085
du	0.355 0.002	0.335 0.001	-0.306 0.124	-0.174 0.321
dt	1.159 0.000	1.1005 0.000	1.126 0.000	1.174 0.000
控制变量	NO	YES	NO	YES
行业哑变量	YES	YES	YES	YES
年份哑变量	YES	YES	YES	YES
R^2	0.9933	0.9659	0.9976	0.9946
行业数	37	37	37	37
样本数	333	333	333	333

注：同表 6-7 和表 6-8。

6.3.4 小结

在本书中，我们利用 2008 年中国对《水污染防治法》（WPPCL2008）的修订这样一个自然实验，采用倍差法（differences-in-differences）系统评估了 WPPCL2008 的修订对中国工业水污染密集型行业经济绩效的影响。结果发现：

（1）中国 WPPCL2008 的修订显著提高了水污染密集型行业的全员劳动生产率（LABOR）。这意味着，实施严格的水环境书面法律有助于提高我国水污染密集型行业企业的全员劳动生产率，收获了环境质量改善和工业企业劳动生产率增长的"双赢"结果，这与 6.1 节对整个工业行业的实证研究结论有所不同。

（2）中国的环境书面法律的确发挥了作用。虽然许多文献证实，中国的环境书面法律在实际执行中普遍存在着"非完全执行"（incomplete enforcement）的情况（例如，Wang et al., 2003；Wang and Jin, 2007）。但本书找到了中国 WPPCL2008 的修订显著提高了工业企业全员劳动生产率的经验证据，说明中国的环境书面法律对企业行为产生了有效的激励和约束,反驳了认为中国书面法律不重要的观点。

(3) 本书研究并不能得出任意的环境书面法律都是有效的结论。事实上,严格的环境规制能引致企业创新,要求环境规制政策本身是"适宜的"(well-designed)为前提,即环境管制政策和法律的制订,主要应基于绩效导向和市场导向来设计(Ambec et al., 2011)。同时,环境规制也并非是"免费的午餐",即使环境规制提高了水污染密集行业企业的劳动生产率,但由规制引起的劳动生产率增长收益也不一定能完全抵消环境规制的成本,尤其是本书发现 WPPCL2008 的修订竟然降低了水污染密集型行业企业的总资产贡献率。意味着对于任何规制政策(包括环境书面法律)的效果,我们可能都需要根据不同行业污染密集的特点,进行全面和审慎的评判(李树、陈刚,2013)。

第7章

不同环境规制工具对企业技术创新的影响分析

环境规制的技术创新效应不仅受到环境规制强度的影响,而且也与环境规制工具类型的选择密切相关。因此,本章首先对不同环境规制工具对创新的激励作用进行了理论分析,在此基础上,利用我国30个省区市2004~2011年的经验数据,比较了直接管制、经济手段、"软手段"等三种类型环境规制工具对技术创新激励效应的影响差异,并进一步分析不同环境规制工具对中国技术创新能力影响的区域性差异。

7.1 引言

环境规制工具是环境规制的具体实现形式。各国政府目前已设计出多样丰富的环境规制工具以将环境规制具体化为环境治理行动规则。根据环境规制工具发挥作用的主体性角度和政策工具的强弱性特征相结合的标准,大多数学者将政府环境规制工具主要分为直接管制(命令—控制)(direct regulation or command and control)、经济手段(市场激励,economic instruments)和"软"手段(soft instruments)三大类型(Iraldo et al.,2011)。不同类型的环境规制工具作用方式存在明显的差异。直接管制是由国家制定、颁布并实施的一系列法律法规,规定污染排放者必须遵守的目标、排放标准和技术标准,以及各级政府部门用于环境治理的各种支出;经济手段是通过改变经济主体的成本或效益,间接导致环境友好型行为的发生,常见的如环境税费、可交易排污许可证等;"软"手段又称为劝说鼓励手段,是除了命令控制和经济刺激以外的所有环境规制工具,如环境信息公开、环境宣传教育、考核与表彰等(宋国君等,2008)。

第7章 不同环境规制工具对企业技术创新的影响分析

改革开放 30 多年来，我国环境规制工具经历了简单多数走向复合多样的历史变迁，从 20 世纪 70 年代末以单一的直接管制为主导的环境规制工具体系逐步转变为 20 世纪 90 年代以来以直接管制、经济手段和"软"手段相结合的环境规制工具体系，环境规制工具体系愈加丰富，如图 7-1 所示。

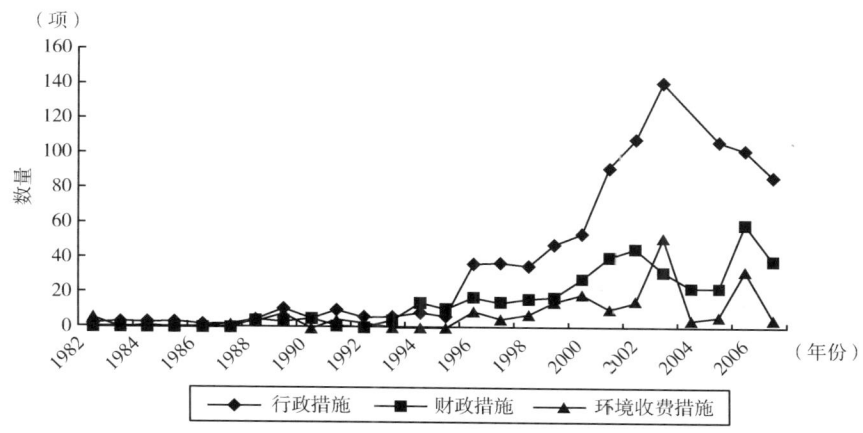

图 7-1 中国环境规制政策措施的演化

资料来源：引自程华，廖中举. 中国环境政策演变及其对企业环境创新绩效影响的实证研究 [J]. 技术经济，2010（11）：8-13.

环境规制对企业技术创新有着重要影响，不同的环境规制工具对企业技术创新的影响机制存在显著差别。直接管制要求不同的排污企业，在排污、治污、防污过程中采用与执行"一刀切"式的、统一的技术标准和执行标准，大大压缩了企业在污染物处理方式上的选择空间，使企业大多处于被动地增加成本、降低竞争力的状态，影响了企业技术创新；经济手段使经济主体获得一定程度选择和采取行动的自由，不但有利于排污企业开展技术研发与创新，以便采用质优价廉的防污技术，而且有利于这些技术与经济刺激效果在低成本条件下的持续扩散，给更多企业带来更多的利益；"软"手段发挥作用的主体是社会公众，通过借助公众对环境破坏事件进行参与监督，会对企业和地方政府产生舆论压力，进而迫使其采取相应的技术改进措施。

那么，我国不同类型的环境规制工具对工业技术创新的影响是否存在差异？现阶段我国是否更应重视经济手段的使用？我国不同区域与企业技术创新相匹配的适宜的环境规制工具应当是怎样的？这些都是优化我国环境规制，以进一步提升区域技术创新能力亟须解决的重要问题。鉴于此,本书利用我国 30 个省区市 2004~2011 年的经验数据,将环境规制工具分为直接管制、经济手段和"软"手段,以探求不同类型环境规制工具对企业技术创新的影响,并且控制经济发展水平、工业企业规模、所有制结构、贸易开放程度等因素,从而全面考察各因素如何影响技术创新能力。

7.2 理论分析

环境规制对技术创新的影响依赖于规制工具的设计和执行。不同的环境规制工具各有其优势,适用范围各异。早期经济学家对不同环境规制工具对创新的激励作用进行了比较(见表 7-1),基本结论是:

(1)在完全竞争条件下,以市场为基础的规制工具优于命令和控制型规制工具,但是排污税、免费和拍卖的许可证制度,对创新激励效应的排列顺序是不确定的;

(2)在不完全竞争条件下,以市场为基础的规制工具不一定比命令和控制型规制工具在激励创新上更有效;

(3)不同规制工具对创新的激励程度,依赖于市场竞争状况、企业和产业规模、创新成本和排污数量等,在不同情况下,每一种规制工具都有可能比其他规制工具引致更大的创新激励,因此,没有唯一的、统一的创新激励效应排列顺序和标准。

表 7-1　　经济学家有关环境规制工具对技术创新激励程度的比较

作者	研究的问题和背景	主要研究结论
Magat(1979)	完全竞争情况下,五种规制工具对创新激励作用的比较	排污税、补贴、许可证和排污标准提供了相同的创新激励,技术标准除外
Dowing 和 White(1986)	完全竞争情况下,直接控制、补贴、排污税和免费许可证对创新激励程度的比较	排污水激励程度最高,直接控制最低

续表

作者	研究的问题和背景	主要研究结论
Milliman 和 Prince（1989）	完全竞争情况下，五种规制工具对创新激励作用的比较	从高到低依次为：排污税和拍卖的许可证、补贴、免费的许可证制度、直接控制
Jung 等（1996）	完全竞争情况下，规制工具对技术发展和采用的推动作用比较	从高到低依次为：拍卖的许可证、排污税和补贴、免费的许可证、排污标准。这一排列不依企业和产业规模的变化而变化
Parry（1998）	完全竞争情况下，排污税与其他规制工具对创新激励程度的比较	排污税优于可交易的许可证和排污标准，并且这一差别依赖于创新的潜在程度，创新规模越大，它们之间的差别越大
Requate（1998）	完全竞争情况下，排污税与可交易的许可证对创新激励程度的比较	可交易的许可证能否比排污税提供更强的创新激励不确定，要依赖于一些其他因素
Montero（2002）	不完全竞争情况下，不同规制工具对创新激励程度的比较	排污标准比可交易的许可证更能激励创新
Montero（2002）	在古诺和伯特兰竞争市场上，规制工具对创新激励作用比较	在古诺市场结构下，排污标准、排污税和拍卖的许可证提供最大的激励；在伯特兰市场结构下，排污税和拍卖的许可证提供最大的激励
Fishe 等（2003）	当技术是内生时，规制工具对创新的激励程度和福利效应比较	在不同情况下，每种规制工具都可能比其他规制工具引致更大的创新和福利效益。在动态效率下，没有哪种规制工具有明显优势

近年来，针对不同环境规制工具对企业技术创新的影响的研究近年来逐渐为学者所关注。直接管制方面，学者们关于其对创新的影响的实证研究得出了相反的结论。Hemmelskamp（1999）注意到直接管制不能持续地刺激污染减排至规定的标准。但是，Kuntze（1999）认为直接管制有效激励创新的潜能依赖于具体设计（如标准 VS 最佳可用技术）、管制范围（是否包括旧工厂等）和实施（灵活性、强迫服从等）。

经济手段方面，Jaffe 等（2002）认为以交易许可等为代表的市场化环境规制对发明、创新以及环境友好型技术的扩散有较为显著的积极作用。David（2003）比较了1990年美国空气清洁法实施前后，电力企业技术创新水平的变化，结果显示，以市场为基础的规制工具导致了企业环境技术创新水平的提高。Iraldo（2009）以欧盟生态管理和审计计划为案例进行研究，计量分析显示设计良好的环境管理系统对环境绩效有积极影响，结果对技术和组织创新也产生了积极影响。Wirl（2014）研究了排放税和排放许可对清洁技术的刺激作用，发现排放许可能完全消除污染，并有利于促进清洁技术的扩张。

较多文献考察了"软"手段对企业创新和绩效的影响，且集中研究了环境管理体系（EMS）对环境绩效的作用，为"软"手段带来的正面效应提供了大量的支持证据。例如，Khanna 和 Damon（1999）考察了美国化学行业企业参与自愿计划"33/50"计划的动力以及该自愿计划对企业有毒排放和经济绩效的影响。他们发现计划的参与对当前企业的投资回报有显著负的影响，但是，计划对企业期待的长期利润有积极显著的作用。Rennings 等（2006）分析了欧盟环境管理与审计计划（EMAS）对德国环境创新与竞争力的影响，发现 EMAS 对营业额和出口的增长有积极的影响，但与市场成功的指标有弱相关关系。Irald 等（2009）同样以 EMAS 为案例进行研究，计量分析显示设计良好的环境管理系统对环境绩效有积极影响，并对技术和组织创新也产生了积极影响。Brouhle 等（2013）研究了美国最大的自愿环保项目"气候智慧方案"（climate wise program）对企业创新活动的影响，发现企业项目的参加确实引起了环境专利的变化，但是仅仅存在于低 R&D 强度企业。Grolleau 等（2013）研究了质量和环境相关标准对企业经营绩效的影响，通过使用倾向计分匹配法，发现参加质量和环境相关标准的公司拥有更高的经营绩效。Teng 等（2014）研究了 ISO14001 国际认证对中国台湾企业创新及经营绩效的影响，结果表明 ISO14001 国际认证在长期能够促进中国台湾企业创新水平和经营绩效的提高。

与独立考察不同规制工具对企业技术创新的影响不同，少数研究进一步关注了规制工具的比较与选择。Fisher 等（2003）比较了当技术创新为内生时，不同环境规制工具对技术创新的激励作用。他认为，得出一个明确的规制政策工具排

第 7 章　不同环境规制工具对企业技术创新的影响分析

列顺序是不可能的，规制工具的优劣依赖于企业模仿创新的能力、技术创新的成本、环境收益函数和企业排污的数量等。虽然不同规制工具引致的创新可能存在差异，但有时这一差别非常小，当企业预见到环境规制强度会随着技术进步而调整时，各种规制工具的引致创新作用效果基本相同。Popp（2004）发现 SO_2 可交易排放体系的引进较之前技术标准下的直接管制而言，设备脱硫效率有显著的提高。Johnstone 等（2011）就不同类型环境规制措施对特定产业的创新影响进行了更为细致的研究，分别检验了出口退税、可交易的能源证明、投资激励、税收措施、价格限制、自愿产业协议、环境责任等手段对相关产业创新的作用。结果发现不同的措施对某些特定的产业更为有效，如可交易的能源证明易促使那些需要与化石燃料竞争的行业产生技术创新，而出口退税对那些研发成本高昂的太阳能产业更易引致创新。Testa 等（2011）利用欧洲三个地区建筑部门不同细分市场中公司层面的调查数据，考察了三大代表性环境规制工具（直接管制、经济手段、"软"手段）的相互作用是否会给企业竞争力带来不同的影响。研究显示设计优良的直接管制对企业创新及无形绩效的积极影响最为显著，而经济手段会对企业经济绩效产生负面效应，这与前人的研究结果显然有所差别。Testa 等（2012）通过对 25 家意大利建筑—化学企业和 28 家爱尔兰制药企业问卷调查发现，直接管制相较于经济或自愿管制是更为重要的产业环境绩效驱动因素。

上述理论研究表明，没有哪一种环境规制工具在任何情况下，都能在引致技术创新上具有绝对优势。在竞争条件下，以市场为基础的规制工具比命令和控制型规制工具更能引致创新；在不完全竞争条件下，不同规制工具对创新激励效应的排列顺序是不确定的。命令控制型政策工具能得到软工具手段的大力支持，尤其是在制定决策阶段，例如，采用自愿协议在实施阶段之前能对新目标和创新模式的定义建立一致。传统规制，例如，标准应当用来为随后的经济与基于市场的工具保证一个公平的竞争环境，以清晰地定义竞争游戏的规则。关税和补贴，仍然是软工具有效实施的基石，例如，资源协议（补贴的使用可以使再融资方案对公司和消费者来说更能扩散和具有吸引力）软工具，如认证计划能被用来加强强制的环境措施的竞争效应（例如，对注册环境管理与审计计划（EMAS）的公司的放松监管可以使公司更具竞争力，并将政策负担转移给不太先进的公司）。

从上述研究中可以看出，现有的研究对三种环境规制工具对技术创新的影响差异研究不够，特别是现有的研究中对中国不同环境规制工具对技术创新的影响的研究较少，鉴于此，本书利用我国 30 个省区市 2004～2011 年的经验数据，将环境规制工具分为直接管制、经济手段和"软"手段，以探求不同类型环境规制工具对我国工业企业技术创新的影响的差异，以期优化环境规制工具组合，提高环境规制的技术创新效应，弥补现有文献研究的不足。

7.3 模型设计、变量定义和数据说明

7.3.1 模型设计

根据内生增长理论，技术创新是一种经济现象，其表现形式是一种产出。技术创新过程的生产函数可以用式（7.1）来表示。

$$I = f(H, M, A) \tag{7.1}$$

其中，I 表示技术创新产出；H 表示技术创新的人力资本投入；M 表示技术创新的资金投入；A 表示影响技术创新的其他因素。在本书中，借鉴王国印（2011）的方法，将环境规制这一因素纳入技术创新产出函数中。考虑到我国地区经济发展差异较大，经济资源的禀赋条件、对外贸易水平和所有制结构必然对各地区技术创新产生影响，因此也将经济发展水平、贸易开放强度和所有制结构这些因素纳入模型中。另外，各地区的企业技术创新产出函数具体表示如下：

$$I = f(ENV, SIZE, OS, TRADE, GDP) \tag{7.2}$$

其中，ENV 表示环境政策，SIZE 代表工业企业规模，OS 表示所有制结构，TRADE 表示贸易开放强度，GDP 代表经济发展水平。

由于柯布—道格拉斯（Cobb-Douglas）函数及其扩展形式被认为是一种很实用的生产函数，在经济理论和实证研究中具有重要意义。技术创新过程是一种特殊的生产，因此，本书假设我国技术创新产出函数与传统的物质产品产出函数类

第7章 不同环境规制工具对企业技术创新的影响分析

似,是传统物质产品生产函数在知识生产领域的扩展。又由于不同类型的环境政策对企业技术创新的影响机制存在差异,本书将环境规制分为直接管制(CC)、经济手段(EI)、"软"手段(SI)。设定我国各地区的技术创新产出 C-D 函数形式如下:

$$I_{it} = \alpha CC_{it}^{\beta_1} EI_{it}^{\beta_2} SI_{it}^{\beta_3} SIZE_{it}^{\beta_4} OS_{it}^{\beta_5} TRADE_{it}^{\beta_6} GDP_{it}^{\beta_7} \qquad (7.3)$$

为了剔除异常项和异方差对数据平稳性的影响,本书对模型(7.3)取对数,得到基本计量方程为:

$$\begin{aligned}\ln(I_{it}) = & \alpha + \beta_1 \ln(CC_{it}) + \beta_2 \ln(EI_{it}) + \beta_3 \ln(SI_{it}) + \beta_4 \ln(SIZE_{it}) \\ & + \beta_5 \ln(OS_{it}) + \beta_6 \ln(TRADE_{it}) + \beta_7 \ln(GDP_{it}) + \varepsilon_{it} \end{aligned} \qquad (7.4)$$

其中,变量下标 i 代表不同地区,下标 t 代表不同的年份。技术创新是被解释变量,以地区 R&D 投入强度($R\&D_{it}$)作为技术创新的衡量指标;环境规制工具是解释变量,直接管制(CC_{it})、经济手段(EI_{it})和"软"手段(SI_{it});控制变量包括地区工业企业规模($SIZE_{it}$)、所有制结构(OS_{it})、贸易开放程度($TRADE_{it}$)、经济发展水平(GDP_{it})。α、β_1、β_2、β_3、β_4、β_5、β_6、β_7 均为待估参数,ε_{it} 表示其他没有观测到的影响各地区技术创新产出的因素。

7.3.2 数据来源与变量定义

本书所有数据全部来自于历年的《中国统计年鉴》《中国科技统计年鉴》和《中国环境年鉴》以及高校财经数据库,为保持数据的一致性,选取时间跨度为 2004~2011 年的省际面板数据(西藏自治区数据缺失严重,故此省去),其中名义变量以 2004 年的不变价格为基准做了处理。

(1)技术创新。

本书采用研究开发经费支出(R&D)来衡量技术创新水平。一般而言,创新活动水平的高低,取决于创新的投入水平,即 R&D 水平和科研人员的数量。出于这样的认识,很多学者采用 R&D 投入水平及科研人员数量作为衡量创新能力的指标。考虑到指标的可获得性,本书采用各地区大中型工业企业研究与试验发展（R&D）经费内部支出作为衡量创新能力的指标。研发投入资金越多，代表地区的技术创新能力越强。

（2）环境规制工具。

①直接管制（CC）的度量：在诸多命令控制型环境政策中，"三同时"制度是我国独创的一项环保政策和环境管理制度，最早规定于1973年制定的《关于保护和改善环境的若干规定》，它要求一切新建、改建、扩建的基本建设项目（包括小型建设项目）、技术改造项目、自然开发项目、区域开发建设项目以及可能对环境造成损害的工程建设，在设置或安装防污设施或其他环保设施时，必须与主体工程同时设计、同时施工、同时投产，是中国目前提高环境准入门槛，防止新污染源产生的有力手段。根据数据的可得性，本书将各省区市历年"三同时"环保投资与工业总产值的比重作为直接管制的度量指标，指标数据均来自《中国环境年鉴》（2004~2011年）。

各省区市"三同时"环保投资与工业从产值比重表达式为：

$$直接管制(CC)强度 = ("三同时"环保投资总额 \div 工业产值) \times 1000$$

考虑到"三同时"环保投资总额可以体现一个地区在环境治理进行直接管制上付出的努力和决心，从而代表该地区实际命令—控制型环境政策工具的强度。

②经济手段（EI）的度量：经济激励型工具主要通过价格、税收、收费、补贴及信贷等市场信号来影响排污者的行为决策。排污收费制度是目前中国最主要的经济激励型环境政策工具，国内学术界也通常把排污收费作为环境政策中最有用的工具。本书以人均排污收费来衡量各地经济激励型环境政策的力度。

③"软"手段（SI）的度量：由于环境信息披露在"软"手段中扮演着越来越重要的角色，本书利用环境信息披露来对地区"软"手段进行度量。环境破坏事件经媒体报道后，会对企业和地方政府产生舆论压力进而迫使其采取相应的改进措施。借鉴贾瑞跃（2013）的方法，本书以各省区市的第一大党报（省市委机关报）所报道的环境新闻数量来衡量该地区的环境信息披露情况，反映该地区的"软"手段情况。各地省（市）委机关报是各地所辖区域内最权威、发行量最大、覆盖面最广的综合类党报，在当地的舆论监督与宣传教育方面发挥着

重要的作用。因此，各地党报的环境新闻报道量可以客观地反映该地区的环境信息披露情况。本书在统计环境信息报道量时，在读秀学术搜索数据库搜索"环境""污染""环保""生态"及党报名称等关键词，同时，人工剔出与环境保护无关或重复计数的新闻条目，并对环境新闻条目进行整理和统计。

（3）地区工业企业规模。

工业企业的生产规模会影响到地区的技术创新能力和水平，国内外学者多数认为企业规模会在一定程度上影响到企业的技术创新能力和水平。熊彼特认为，产业越大、企业越大，相比于小规模的产业和企业，越有可能创新，因为其拥有更多的创新所必需的资金资源、物质资源和商业资源。我国各个省区市的产业发展规模参差不齐，我们通过企业的工业总产值指标来控制企业规模对技术创新的影响。

（4）所有制结构。

工业企业的所有制结构是决定区域创新能力的一个重要因素。王志刚等（2006）通过对1978~2004年的省际数据研究发现，国有化占GDP的比重对生产效率有负的影响。本书利用国有及国有控股工业资产合计占规模以上工业企业资产合计的比重表示所有制结构。

（5）贸易开放程度。

区域的贸易开放程度也能影响创新，来自国外贸易的强烈竞争将会刺激本地区企业减少成本，因而鼓励创新。本书采用各地区按境内目的地和货源地分货物进出口总额与地区生产总值的比值衡量贸易开放程度。

（6）经济发展水平。

利用人均GDP来衡量地区经济发展水平。为了保持数据的可比，以每年GDP的名义值和国家统计局公布的GDP增长速度为基础，折算出一个以1999年为基期的GDP平减指数对人均GDP进行平减。

为了对不同区域进行系统性的实证研究，参照国家统计局对我国经济区域的划分，本书将全国30个省区市分为东部沿海和内陆地区两大部分，分别考察各种环境政策工具是如何影响区域R&D投入水平，期望从中得出具有对比性的有价值的结论，并为中国区域环境政策和技术创新政策的创新提供有益的参考。东部沿海包括 11 个省级行政区，分别是北京、天津、河北、辽宁、上海、江苏、浙江、福建、山东、广东、海南；内陆地区包括 19 个省级行政区，分别是黑龙江、吉林、山西、安徽、江西、河南、湖北、湖南、四川、重庆、贵州、云南、陕西、甘肃、青海、宁夏、新疆、广西、内蒙古。

由于面板数据具有的两维性，如果模型设定不正确以及由此造成的参数估计方法的不当，将对参数估计结果造成较大的偏差，因此有必要在采用面板数据构建模型时首先对模型的设定形式进行检验。常利用 Hausman 检验方法，确定是选择随机效应还是固定效应模型，若 Hausman 检验值显著则选用固定效应模型，若 Hausman 检验不显著则用随机效应模型。考虑到企业的 R&D 投入水平对环境政策工具的反应存在一定的滞后期，因此本书在滞后一期的情况下考察三种环境政策工具对 R&D 投入的影响。同时，为避免产生内生性问题，所有控制变量也都采用了滞后一期的形式。本书分析工具为 Stata 12.0。各变量的描述性统计见表 7-2。

表 7-2　　　　　　　　　主要变量的描述性统计

变量	均值	标准差	最小值	最大值
R&D 支出（$lnR\&D_{it}$）	13.46484	1.412471	9.677214	16.18155
	14.3402	1.459004	9.677214	16.18155
	12.95806	1.107347	10.29397	14.98803
直接管制（$lnCC_{it}$）	0.9047653	0.6487881	-1.116757	3.774508
	0.7302335	0.6676847	-0.6942576	3.774508
	1.00581	0.617536	-1.116757	2.673432
经济手段（$lnEI_{it}$）	2.316392	0.6469528	0.5328895	4.401811
	2.436429	0.6716705	0.5328895	3.474574
	2.246897	0.6239247	1.064391	4.401811
"软"手段（$lnSI_{it}$）	5.10399	0.9261198	1.098612	7.044905
	5.032072	1.007104	3.044523	7.044905
	5.145627	0.8765928	1.098612	6.436151
工业企业规模（$lnSIZE_{it}$）	9.026924	1.192777	5.906397	11.58693
	9.780979	1.219204	5.999581	11.58693
	8.590366	0.9339152	5.906397	10.75484

续表

变量	均值	标准差	最小值	最大值
所有制结构（OS_{it}）	0.5610063	0.1810776	0.1399826	0.905573
	0.4063614	0.1751227	0.1399826	0.7876956
	0.6505376	0.110554	0.3969693	0.905573
贸易开放程度（$TRADE_{it}$）	0.3454158	0.3961669	0.0294506	1.668164
	0.730522	0.4348312	0.1491769	1.668164
	0.1224597	0.0548326	0.0294506	0.4146509
经济发展水平（$lnGDP_{it}$）	9.940725	0.6105605	8.365822	11.33199
	10.42417	0.5114488	9.186714	11.33199
	9.660838	0.4735649	8.365822	10.96571

注：各变量中的第一行为全国数据，第二行为东部沿海数据，第三行为内陆地区数据。

图7-2反映了2004~2011年全国及东部沿海、内陆地区"三同时"环保投资的变化趋势。从图7-2可以看出2004~2011年全国及东部沿海"三同时"环保投资呈现先上升后下降再上升的态势，尤其是在2004~2008年上升速度较快，这主要由于这期间中国特别是东部沿海经济的快速增长导致污染排放量的急剧增加，国家加大了直接管制的力度，从而推动全国"三同时"环保投资额随之增加；另外，还发现东部沿海的"三同时"环保投资一直大于内陆地区，表明东部沿海较高的经济发展水平有力促进了"三同时"环保投资。

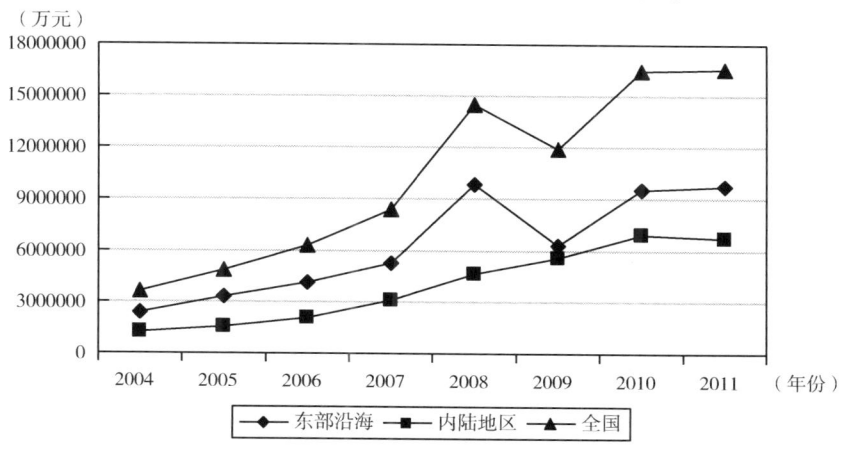

图7-2 全国及东部沿海、内陆地区"三同时"环保投资变化趋势

图7-3可以看出2004~2011年全国及东部沿海、内陆地区排污费征收呈现逐步增长的变化趋势，且自2006年后内陆地区每个年份略多于东部沿海，表明2006年以来，自然资源丰富而经济相对落后的内陆地区在经济发展的过程中面临着比东部沿海更严峻的污染排放形势。

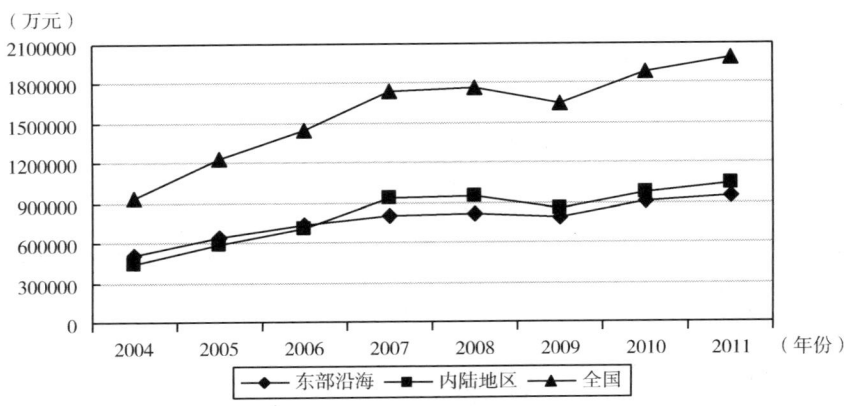

图7-3 全国及东部沿海、内陆地区排污费征收变化趋势

图7-4反映了2004~2011年全国及东部沿海、内陆地区环境新闻数量呈现持续增长的态势，表明"软"手段这一环境规制工具形式在我国地位日益重要，随着环境污染的日益严峻，导致环境新闻报道数量也相应不断增加。

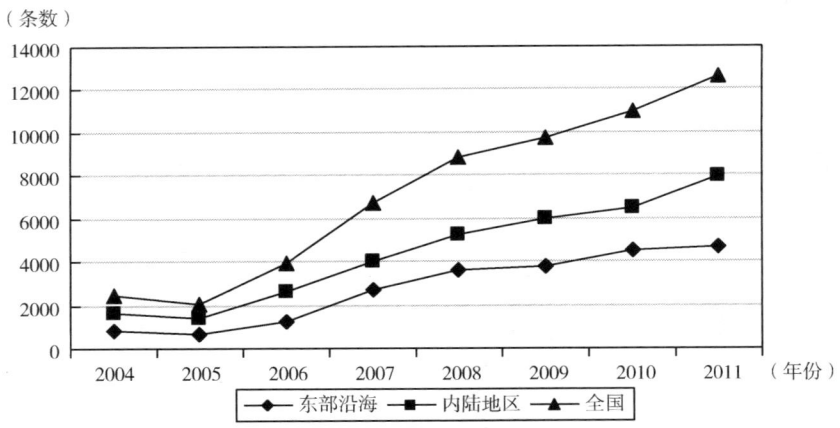

图7-4 全国及东部沿海、内陆地区环境新闻报道量变化趋势

7.4 实证结果

为了避免"伪回归",确保估计结果的有效性,在进行经验分析之前,我们需要检验本书所使用的面板数据是否平稳,即单位根检验。本书采用 LLC 及 IPS 两种方法进行单位根检验,前者原假设存在同质单位根,后者假设存在异质单位根,当两者结论不一致时则认为存在单位根,即数据非平稳,检验结果见表7-3,可以看出,所有变量序列均为平稳序列,可以构造回归模型。

表 7-3　　　　　　　　面板数据单位根检验结果

变量	LLC	IPS	结论
lnRD	-1.363 (0.00)***	-2.119 (0.00)***	平稳
lnCC	-1.969 (0.00)***	-2.663 (0.00)***	平稳
lnEI	-1.654 (0.00)***	-2.599 (0.00)***	平稳
lnSI	-1.288 (0.00)***	-2.717 (0.00)***	平稳
lnSIZE	-1.018 (0.00)***	-1.925 (0.02)**	平稳
OS	-1.252 (0.00)***	-1.824 (0.050)**	平稳
TRADE	-1.517 (0.00)***	-2.298 (0.00)***	平稳
lnGDP	-1.869 (0.00)***	-2.334 (0.00)***	平稳

注:***、**、*分别表示参数估计在1%、5%和10%的水平下拒绝变量不平稳的原假设,括号内为相应检验统计量的伴随概率。

7.4.1 基本结果:全国层面的分析

本书利用中国 2004~2011 年 30 个省区市数据对模型进行回归分析,结果如表7-4所示。

表 7-4　　　　　　　　全国 30 个省份数据的回归结果

变量	估计值
C	3.623***
	(4.47)
ln（CC_{it}）	0.0214
	(0.93)
ln（EI_{it}）	0.0157
	(0.42)
ln（SI_{it}）	0.0444***
	(2.43)
ln（$SIZE_{it}$）	0.1616*
	(1.23)
OS_{it}	-1.4559***
	(-3.64)
$TRADE_{it}$	-0.5513***
	(-3.77)
ln（GDP_{it}）	0.9168***
	(5.36)
调整后的 R^2	0.9249
F 统计量	63.68***
Hausman	60.70***

注：***、**和*分别表示 t 值在 1%、5%和 10%的水平上显著，括号内为 t 统计量。

从回归结果看，模型的 Hausman 统计量拒绝了个体随即效应的原假设，模型最终设定为个体固定效应。由表 7-4 可知，直接管制对全国 R&D 投入具有促进作用，R&D 投入弹性为 0.0214，但效果并不显著，这可能由于"三同时"环保投资使全国层面的企业进一步增加了生产成本，从而影响了企业的 R&D 投入造成的。经济手段对全国 R&D 投入也具有促进作用，R&D 投入弹性为 0.0157，效果也并不显著，这与 Jaffe 等（2002）发现市场化环境规制对创新拥有较为显著的积极作用的研究结果不一致。目前，我国市场机制还不够健全，环境受污染的影响呈现区域性特点，因此排污费征收对全国层面的企业技术研发与创新的激励作用不够显著。"软"手段对全国 R&D 投入有显著的促进作用，R&D 投入弹性为 0.0444，也就是环境新闻数量每增加 1%，全国 R&D 投入将增加 0.0444%，说明环境信息披露能给全国层面企业带来较大的环境技术创新压力，促进了企业的 R&D 投入；企业规模对全国 R&D 投入有显著的促进作用，R&D 投入弹性为 0.1616，这与熊彼特的观点相一致；地区经济发展水平对全国 R&D 投入也有显著的促进作用，R&D 投入弹性为0.9168，说明经济发展水平的提高对R&D投入能产生积极影响；企业所有制结构对全国R&D投入有不显著的负面影响，说明国有产权比重的增加不利于全国企业R&D投入；贸易开放程度对全国R&D投入有显著的抑制作用，这可能是由于我国进出口贸易主要为加工贸易，技术含量较低产品在进出口中贸易中占较大比重造成。

7.4.2 不同区域的比较：东部沿海和中西部地区

为了进一步分析不同环境规制工具对中国技术创新能力影响的区域性差异，考虑到无论是经济发展水平、环境规制，还是技术创新情况，中国的东部沿海和中西部地区都有较大的差异。从回归结果看，东部沿海和中西部地区的Hausman统计量拒绝了个体随机效应的原假设，因此，分区域的面板模型为个体固定效应。回归结果如表7-5所示。

表7-5　　　　　　　东部沿海和中西部地区的回归结果

变量	东部沿海	中西部地区
C	0.6703 (0.49)	5.068 *** (4.70)
$\ln(CC_{it})$	0.0206 (0.78)	0.0298 (0.86)
$\ln(EI_{it})$	-0.0135 (-0.32)	0.0924 ** (1.60)
$\ln(SI_{it})$	0.0705 *** (3.59)	0.0186 (0.66)
$\ln(SIZE_{it})$	-0.0635 (-0.38)	0.3994 *** (2.02)
OS_{it}	-1.4904 *** (-2.10)	-1.2205 *** (-2.52)
$TRADE_{it}$	-0.1555 (-1.06)	-1.4099 ** (-2.40)
$\ln(GDP_{it})$	1.4087 *** (6.22)	0.5279 *** (2.01)
调整后的 R^2	0.9543	0.9210
F统计量	62.98 ***	47.65 ***
Hausman	33.79 ***	18.03 **

注：***、**和*分别表示t值在1%、5%和10%的水平上显著，括号内为t统计量。

从回归结果看，可以发现：

直接管制无论对东部沿海还是中西部地区的 R&D 投入促进作用都不明显，R&D 投入弹性分别为 0.0206 和 0.0298。

经济手段对东部沿海和中西部地区 R&D 投入具有不同的影响。经济激励型工具对东部沿海 R&D 投入具有负的作用，R&D 投入弹性为 -0.0135，但效果不显著；经济激励型工具对中西部地区 R&D 投入具有显著的促进作用，R&D 投入弹性为 0.0924，排污收费每增加 1%，R&D 投入将增加 0.0924%。这一结果说明，相比较经济发展水平较高的东部沿海，中西部地区排污费的征收更能促进企业技术创新水平的提高。

"软"手段对东部沿海和中西部地区 R&D 投入也产生了不同的影响。环境新闻报道对东部沿海 R&D 投入具有显著促进作用，R&D 投入弹性为 0.0705，环境新闻量每增加 1%，R&D 投入将增加 0.0705%；环境新闻报道对中西部地区的 R&D 投入具有促进作用，R&D 投入弹性为 0.0186，但效果不显著。说明环境信息披露能对经济发展水平较高地区的企业带来更大的技术创新压力。

企业规模有利于促进中西部地区的 R&D 投入，R&D 投入弹性为 0.5630，企业规模每增加 1%，R&D 投入将增加 0.5630%，而企业规模对东部沿海的 R&D 投入具有负作用，R&D 投入弹性为 -0.0635，但效果并不显著。一般认为，规模更大的企业倾向开展更多的 R&D 活动。但 Aghion 等（2005）等提出，企业规模和技术创新两者之间存在着倒"U"型关系，即企业发展初期，规模越大，企业技术创新会越多，但随着企业不断发展，企业规模达到一定程度后反而不能有效促进技术创新。由于我国中西部地区和东部沿海企业发展规模处于不同的水平，因而对企业技术创新具有不同的影响。

企业所有制结构无论对东部沿海还是中西部地区的 R&D 投入都具有显著的抑制作用，R&D 投入弹性分别为 -1.4904 和 -1.2205，国有资产比重每提高 1%，东部沿海和中西部地区 R&D 投入将分别减少 1.4904% 和 1.2205%。

贸易开放程度对东部沿海 R&D 投入具有抑制作用，R&D 投入弹性为 -0.1555，但效果不显著；贸易开放程度对中西部地区 R&D 投入具有显著的抑制作用，R&D 投入弹性为 -1.4099，这主要归因于我国东部沿海和中西部地区进出口贸易都是以加工贸易为主，高技术产品进出口贸易较少，进出口贸易总量的增加并不能带来区域企业技术创新能力的提高。

地区经济发展水平对东部沿海和中西部地区的 R&D 投入均具有显著的促进作用，R&D 投入弹性分别为 1.4087 和 0.5279，人均地区生产总值每增加 1%，东部沿海和中西部地区 R&D 投入将分别增加 1.4087% 和 0.5279%，并且地区经济发展水平对东部沿海 R&D 的促进作用大于对中西部地区的促进作用。这说明地区经济发展水平是区域企业技术创新的重要条件，并且地区经济发展水平越高，越能促进区域企业技术创新。

7.5 结论

本书研究了环境政策、企业规模、所有制结构、贸易开放程度和经济发展水平等各自对地区技术创新的影响，并且将环境政策工具细分为直接管制、经济手段和"软"手段，研究结果表明：

一是全国层面上，"三同时"投资衡量的直接管制对 R&D 投入的具有效果不显著的促进作用，排污收费衡量的经济手段对 R&D 投入也具有效果不显著的促进作用，但以环境信息披露衡量的"软"手段对 R&D 投入却具有效果显著的促进作用。当前我国环境政策工具应用的基本特征是直接管制（行政命令手段）运用较多，经济手段应用不足，"软"手段较为欠缺（侯伟丽，2005）。Ambec 等（2011）认为，基于市场并且灵活的经济手段如排放税、贸易许可和绩效标准由于给公司留下了更多的空间找到减少遵循成本的技术办法，因而经济手段比环境标准、排放限额等基于命令—控制的直接管制更有助于企业创新。在形成有效行动的政治意愿方面，信息公开、社区压力和公众参与是最有决定性的作用（世界银行环境局等，1998），信息披露、绿色标签等"软"手段作用日益突出。根据实证结果，我国今后环境政策工具应以直接管制为主逐渐转变为直接管制、经济手段和"软"手段三种政策工具综合运用，实现优势互补。在完善现有直接管制工具的同时，改革排污费的征收方式、内容和动机，使之成为激励型的积极手段，另外，更多运用排放税、排污贸易许可等更具创新激励作用的经济手段。

同时，强化环境信息披露等"软"手段的应用，使企业迫于信息披露压力而高度关注自身生产的清洁程度、环保行为和产品安全指数，从而推动企业进行环境技术创新。

二是在资源禀赋不同并且经济和技术发展处于不同阶段的地区，环境政策工具对R&D投入的影响存在差异。"三同时"制度衡量的直接管制无论对东部还是中西部地区的R&D投入促进作用都不明显。排污收费衡量的经济手段对东部R&D投入具有效果不显著的抑制作用，但对中西部地区R&D投入具有显著的促进作用。环境信息披露衡量的"软"手段对东部R&D投入具有显著的促进作用，但对中西部地区R&D的促进作用不明显。我国不同地区应根据本区域资源禀赋和经济发展水平，实施与本地相适宜的环境政策工具。东部除应对排污费征收进行改革外，今后应积极运用更具灵活性的其他经济手段。此外，还应加大环境信息披露力度，充分发挥"软"手段的作用。中西部地区现阶段要继续发挥排污费征收对技术创新的激励作用，并重视环境信息披露的作用，促使企业采取相应的环境技术改进措施。

三是企业规模对全国层面的R&D投入具有显著的促进作用，从区域来看，企业规模对东部沿海R&D投入具有不显著的抑制作用，而对中西部地区具有显著的促进作用。根据这一实证结果，东部企业应走出规模扩张的老路，更加注重增强产品开发能力，加快技术改造步伐，注重效益及节能降耗减排，通过内涵发展来进一步提升区域技术创新水平；而中西部地区现阶段应继续提高工业化发展水平，鼓励扶持做大工业企业规模，通过工业企业规模扩张来带动区域技术创新能力增强。

四是所有制结构即国有经济比重无论从全国层面还是从区域层面对R&D投入都有显著的负作用。这种抑制作用很大程度上是因为地方政府对国有企业的干预过多，国有企业承担了政府过多的政策性负担，而地方政府对增加财政收入、扩大就业率等短期利益的追逐导致了国有企业没有积极性去投资高风险见效慢的创新项目（周权雄、朱卫平，2010）。为此，要适度减少地方政府对国有企业的行政干预，减轻国有企业政策性负担，让其有更多的积极性开展技术创新。

五是贸易开放程度对全国层面R&D投入有显著的负面影响，从区域看，贸

第 7 章 不同环境规制工具对企业技术创新的影响分析

易开放程度对东部和中西部地区 R&D 投入都具有负面影响。要加快改变我国进出口贸易中以加工贸易为主的贸易结构，不断提高高新技术产品在进出口贸易中的比重，提升进出口贸易层次，以激烈的高技术产品贸易竞争倒逼区域创新能力的不断提升。

最后，地区经济发展水平对 R&D 投入具有显著的促进作用，尤其是经济发展水平越强的区域，R&D 投入也越多。要继续增强我国和各区域经济发展水平，为 R&D 投入创造良好的外部条件，以促进加快建设创新型国家。

在经验分析的过程中，本书也存在着以下不足：目前关于环境政策工具尚未建立统一完善的衡量指标，虽然本书就三种环境政策工具分别各自选取了具有代表性的指标，但仍然存在一定程度的缺陷。另外，我们并没有对我国 30 个省区市污染密集度进一步进行区分，如分成高污染密集型区域和低污染密集型区域，三种环境政策工具对两个区域有何不同影响？如何进一步完善上述问题，将是我们下一步的研究方向。

第 8 章

结论与研究展望

随着近年来我国经济的飞速发展，中国的工业废气、废水和固体废物的排放量日益增加，给社会造成了严重负面的影响，包括大气污染、饮用水污染、酸雨、臭氧层的破坏和全球变暖等。为解决环境污染问题，我国政府一直以来高度重视对工业行业的环境规制，目前已经形成以《环境保护法》为主体，以环境保护专门法、与环保相关的资源法、环保行政法规与规章、环保地方性法规为主要内容的、相对完善的环境保护法律法规体系。各级地方政府也开始逐步实施积极的环境政策以解决日益严重的环境污染问题。环境规制的创新激励效应及其对工业企业绩效的影响，引起了许多学者的注意和研究，但是目前国内学者对环境规制、技术创新和工业企业绩效三者之间关系的综合考察较少，主要围绕环境规制与技术创新或与工业企业绩效关系的单方面检验。针对这一问题，本书借鉴相关研究内容，对环境规制、技术创新和工业企业绩效三者之间关系进行了深入研究。

本书先对国内外环境规制、创新与工业企业绩效理论与经验研究现状进行综述，分析了我国工业整体污染状况，包括水污染状况、大气污染状况和固体废物污染状况，并计算出了中国 37 个工业行业的污染强度。介绍了中国环境规制的演进过程，包括环境管理机构的变迁、环境保护法律法规体系的建立与完善和环境规制政策工具的实践。根据产业环境规制政策类型的特点，构建了产业环境规制实施强度评价体系，测算了中国 37 个工业行业环境规制强度。然后在理论机制分析的基础上，实证分析了环境规制、技术创新与工业企业绩效三者之间的关系。首先，实证分析了环境规制对企业技术创新的影响，包括环境规制对技术创新的直接影响和环境规制通过影响外商直接投资、人力资本、企业规模、企业利润和开放水平对企业技术创新产生的间接影响。其次，由于发现环境规制对企业技术创新有着显著的直接影响，进而实证分析了环境规制引致的技术创新对工业企业经济绩效和环境绩效的影响。最后，实证分析了环境规制对工业企业经济绩效和环境绩效的影响。本书的最后部分实证分析了"命令—控制"型、"基于市场"型和"信息披露"型三种不同环境规制工具对工业企业技术创新的影响，对进一步优化环境规制政策激励企业技术创新给出了相应的政策建议。

8.1 本书研究结论

第一，环境规制对工业企业技术创新影响的检验结论。

本书第4章利用中国2003~2011年37个工业行业的数据，利用面板模型，考察了环境规制对工业企业技术创新的直接影响和环境规制通过影响外商直接投资、企业规模、开放水平、利润率水平和人力资本水平，进而对企业技术创新产生的间接影响，研究结论表明：

就直接影响而言：（1）总体上看，环境规制对全部工业行业企业的R&D支出有显著的促进作用，表明"波特假说"成立，我国环境规制政策与工业技术创新实现了"双赢"。（2）环境规制引致的企业R&D投入对企业的其他R&D投入没有带来"挤出效应"，表明环境规制引致的企业R&D投入并没有导致企业其他R&D投入的减少。（3）通过污染强度视角的分析，研究发现环境规制对重度、中度和轻度污染行业工业企业的技术创新具有不同的影响，促进效应呈现依次递减态势，相对于中度和轻度污染行业，环境规制更能促进重度污染行业的技术创新。

就间接影响而言：（1）总体上看，在严格的环境规制约束下，大企业的技术创新规模效应大幅减少，环境规制严重弱化了大企业的资金优势和规模优势。企业的出口水平对技术创新的抑制效应在环境规制的约束下明显变弱。另外，人力资本对企业的技术创新效应也大幅减弱。（2）污染强度视角的分析表明，在严格的环境规制约束下，外商直接投资、企业规模、人力资本对重度污染行业、中度污染行业和轻度污染行业技术创新的影响均发生了明显的变化。

第二，环境规制引致的技术创新对工业企业绩效影响的检验结论。

鉴于第4章研究表明环境规制对工业企业的R&D支出有显著的促进作用，本书第5章继续对环境规制引致的技术创新对以总资产贡献率（ROA）和全员劳动生产率（LABOR）衡量的工业企业经济绩效和以单位工业产值的废水（WW）排放量和单位工业产值的二氧化硫（SO_2）排放量衡量的环境绩效的影响进行实证分析。研究结论表明：（1）严格的环境规制引致的工业企业R&D支出并不能促进以总资产贡献率和全员劳动生产率两变量度量的企业经济绩效的提高。（2）工业企业全部R&D支出除严格的环境规制引致的R&D支出之外的其他R&D支出即例行R&D支出（Scheduled R&D）对以总资产贡献率和全员劳动生产率两变量衡量的企业经济绩效有显著的促进作用，并且对后者的促进作用要大于前者。（3）环境规制引致的技术创新对工业企业的二氧化硫（SO_2）排放和废水（WW）的排放都有显著的抑制作用。

第三，环境规制对工业企业绩效影响的检验结论。

本书第6章考察了环境规制对以总资产贡献率（ROA）和全员劳动生产率（LABOR）衡量的工业企业经济绩效和以单位工业产值的废水（WW）排放量和单位工业产值的二氧化硫（SO2）排放量衡量的环境绩效的直接影响进行实证分析。研究结论表明：（1）环境规制对企业的总资产贡献率和全员劳动生产率具有不同的直接影响。严格的环境规制无论是在即期还是长期，都能显著促进以总资产贡献率衡量的企业经济绩效的提高。但是对以全员劳动生产率衡量的企业经济绩效在长期具有抑制作用。（2）我国目前的环境规制政策对改善环境质量确实发挥了应有的促进作用，但对改善大气和废水的质量具有效果不同的影响。环境规制对企业的工业废水排放具有效果显著的抑制作用，而对企业的工业二氧化硫（SO_2）的排放具有效果不显著的抑制作用。（3）中国的环境污染确实存在一定的持续性，前期排放量会影响当期的污染排放量，环境绩效存在一定的惯性。

特别是，第6章利用2008年中国对《水污染防治法》（WPPCL2008）的修订这样一个自然实验，采用倍差法系统评估了WPPCL2008的修订对中国工业企业经济绩效的影响，研究结果表明：中国WPPCL2008的修订对企业的全员劳动生产率（LABOR）和总资产贡献率（ROA）具有不同的影响，WPPCL2008 的修订显著提高了水污染密集型行业的全员劳动生产率。中国的环境书面法律对企业行为产生了有效的激励和约束，反驳了认为中国书面法律不重要的观点。

第四，不同的环境规制工具对工业企业技术创新影响的检验结论。

本书第 7 章利用我国 30 个省区市 2004～2011 年的经验数据，将环境规制工具分为直接管制、经济手段和"软"手段，以探求不同类型环境规制工具对工业企业技术创新的影响。研究结论表明：（1）总体而言，"三同时"投资衡量的直接管制对工业企业 R&D 投入具有效果不显著的促进作用，排污收费衡量的经济手段对工业企业 R&D 投入也具有效果不显著的促进作用，但以环境信息披露衡量的"软"手段对工业企业 R&D 投入却具有效果显著的促进作用。（2）分地区的检验结果显示，在资源禀赋不同并且经济和技术发展处于不同阶段的地区，环境规制工具对工业企业 R&D 投入的影响存在差异。"三同时"制度衡量的直接管制无论对东部沿海还是中西部地区的工业企业 R&D 投入促进作用都不明显。排污收费衡量的经济手段对东部沿海工业企业 R&D 投入具有效果不显著的抑制作用，但对中西部地区工业企业 R&D 投入具有显著的促进作用。环境信息披露衡量的"软"手段对东部沿海工业企业 R&D 投入具有显著的促进作用，但对中西部地区工业企业 R&D 的促进作用不明显。

8.2 政策建议

根据环境规制、技术创新与工业企业绩效实证分析的结果及对相关结论的分析，本书有以下几点政策建议：

第一，适当提高中国工业环境规制的标准和强度。从实证结果分析看出，严格的环境规制对中国工业企业的 R&D 投入有显著的促进作用，表明我国产业环境规制政策对污染治理技术创新和生产技术创新有一定的激励作用，尽管对生产技术创新有一定的滞后期，并且激励程度较小，还不足以补偿由于环境规制造成的"遵循成本"给经济绩效带来的不利影响。但是由于环境规制引致的"创新补偿"机制是消除规制给经济绩效带来不利影响的主要途径和方式，面对我国环境保护日益严峻的形势,要进一步提高环境规制标准、加强环境规制政策实施强度,以充分引致工业企业进行更多的环境技术创新进而提高经济效益。同时环境规制政策实施强度的增加,必将提高企业的环境效益。

第二,根据工业行业的具体情况,选择能最大限度地激励生产技术创新的环境规制政策工具。实证结果表明,严格的环境规制引致的工业企业R&D投入效应并不是非常明显,同时严格的环境规制引致的工业企业R&D投入并不能促进企业经济绩效的提高,而企业经济绩效的提高主要是由企业除环境规制引致的R&D投入之外的剩余R&D投入即例行R&D投入(Scheduled R&D)带来的。说明目前我国的以命令—控制为主的环境规制手段尚不能有效促进企业的环境技术创新,从而也间接导致不能促进企业经济绩效的提高。因此,要想实现提高环境规制强度的目标,选择合适的环境规制政策工具十分重要。政府应当根据产业发展的具体情况,采用灵活科学的环境规制手段,为工业企业创造更多经济的方法以满足环境规制的要求,诸如推动碳排放交易,征收环境税,提倡绿色消费等手段,在达到污染控制目标的同时,最大限度地起到激励企业生产技术创新的作用,使环境规制引致的创新带来的收益,能部分甚至是完全抵消环境规制施加给企业的成本,进而最终能提高企业的生产率和经济绩效。

第三,要根据我国不同地区实际情况,实施与本地相适宜的环境规制工具。实证研究发现,在资源禀赋不同并且经济和技术发展处于不同阶段的地区,环境规制工具对工业企业R&D投入的影响存在差异。东部沿海地区除应对排污费征收进行改革外,今后应积极运用更具灵活性的其他直接管制手段如排污税、排放贸易许可、绿色免税等,更好地激励企业进行技术创新。由于环境信息披露能显著促进企业技术创新,东部沿海今后还应进一步加大环境新闻的报道力度,充分发挥"软"手段的作用。同时,鉴于排污收费能显著促进中西部地区的R&D投入,中西部地区现阶段要继续发挥其对技术创新的激励作用,并重视环境信息披露的作用,促使企业采取相应的环境技术改进措施。

第四,要充分发挥我国环境规制对环境绩效改善的积极促进作用。实证结果表明,目前的环境规制政策对改善环境质量确实发挥了应有的促进作用,主要是对企业的工业废水排放具有效果显著的抑制作用,尽管对企业的工业二氧化硫

（SO_2）排放的抑制效果不够显著。因而我国要继续推进实施已有的环境规制政策，特别是进一步完善现有关于工业二氧化硫（SO_2）排放的环境规制政策，积极加快推进工业二氧化硫（SO_2）排污权交易政策的广泛实施，以提升环境规制对工业二氧化硫（SO_2）排放的抑制效果。

第五，要根据环境污染状况适时对我国的环境书面法律进行修订完善。通过2008年中国《水污染防治法》（WPPCL2008）的修订这样一个自然实验，研究发现WPPCL2008的修订显著提高了水污染密集型工业行业的全员劳动生产率，说明中国的环境书面法律对工业企业生产行为产生了有效的激励和约束，反驳了那些认为中国书面法律不重要的观点（例如，Allen et al.，2005）。因此，面对我国社会经济发展的需要和环境问题的愈发恶化，应及时对现有环境保护书面法律进行修订，适时增加新的内容和新的法律规范，完善书面法律内容和法律规范，以适应环境保护发展形势的要求，进一步强化对工业废水、废气和固体废物减排和治理的激励。

8.3 研究不足与未来展望

由于环境规制、技术创新与工业企业绩效问题的研究关系到政府、企业、公众等多方面关系问题，再加上中国工业行业复杂，企业技术创新和绩效受到诸多因素的影响，使对三者关系的判断研究具有一定的复杂性。因此，本书的研究尚存在诸多不足之处，但这些恰恰构成了笔者未来研究和努力的方向，这些可能的研究方向有：

第一，本书未将社会公众这一因素纳入研究框架中来。随着近年来我国环境群体性事件的日益增多，公众参与逐步成为影响企业环境技术创新的重要因素，在未来的研究中，应将公众参与纳入研究框架下，通过对政府、企业、公众参与三部门分析，探讨政府、企业与公众三者之间的复杂博弈对企业环境技术创新的影响。

第二，本书的第二个不足是本书在定量化环境规制政策时，采取的简单化量化，只是根据自己主观判断划分，有一定的主观性，未来笔者将考虑如何把环境规制政策采取更加科学和客观的方法将其量化。

第三，本书的第三个不足是仅以工业企业 R&D 投入水平来衡量企业的技术创新能力，而企业的技术创新能力还可以采用专利申请（授权）数量、科研人员数量等指标来衡量，今后的研究中将关注环境规制对工业企业专利申请（授权）数量等衡量指标的影响，以及环境规制引致的环境专利申请（授权）数量对企业经济绩效和环境绩效带来的影响。

第四，本书对产业环境规制工具进行了研究，但只是从分类角度进行分析，在未来的研究中，应对产业的每一个环境规制工具进行具体分析，找出最适合我国工业行业的环境规制工具。

第五，环境规制政策对工业企业技术创新和绩效的影响可能更依赖于政策设计的特性而不仅仅是政策类型的选择，这些特性包括管制严厉程度、政策的可预期性、行业以及企业规模的差异、时效性、政策与未来标准匹配的可信性、监管有效性、执法力度和政策相互之间的匹配性等，另外，环境政策的叠加效应和组合效应本书也没有进行考虑，今后的研究中将努力探讨环境规制政策设计特性和叠加组合效应对工业企业技术创新和绩效的影响。

参考文献

[1] Acemoglu, D., S. Johnson, and J. Robinson. Institutions as the fundamental cause of long-run growth. NBER Working Paper, 2004, No. 10481.

[2] Aghion, P., Bloom, N., Blundell, R., Griffith, R., Howitt, P. Competition and innovation: an inverted-U Relationship [J]. Quarterly Journal of Economics, 2005, 120 (2): 701-728.

[3] Aghion, P., M. Dewatripont, and P. Rey. Corporate governance, competition policy and industrial policy [J]. European Economic Review, 1997, 41: 797-805.

[4] Allen, F., J. Qian, and M. J. Qian. Law, finance, and economic growth in China [J]. Journal of Financial Economics, 2005, 77, 57-116.

[5] Alpay, E., S. Buccola, and J. Kerkvliet. Productivity growth and environmental regulation in Mexican and U. S. food manufacturing [J]. American Journal of Agricultural Economics, 2002, 84 (4): 887-901.

[6] Ambec, S., M. A. Cohen, S. Elgie, and P. Lanoie. The Porter hypothesis at 20. Can environmental regulation enhance innovation and competitiveness? Resources for the Future Discussion Paper No. 11-01, 2011.

[7] Ambec, S., and P. Barla. A theoretical foundation of the Porter hypothesis [J]. Economics Letters, 2002, 75 (3): 355-360.

[8] Ambec, S., and P. Barla. Can environmental regulations be good for business? An assessment of the Porter hypothesis [J]. Energy Studies Review, 2006, 14 (2): 42-62.

[9] Ambec, S., and P. Barla. Quand la re'glementation environnementale profite aux pollueurs. Survol des fondements the'oriques de l' hypothe'se de Porter [J]. L' Actualite' e'conomique, 2007, 83 (3): 399 –414.

[10] Andre', J. F., P. Gonza'lez, and N. Portiero. Strategic quality competition and the Porter hypothesis [J]. Journal of Environmental Economics and Management, 2009, 57: 182 –94.

[11] Antweiler, W., Copeland, B. R., Taylor. M. S. Is Free Trade Good for the Environment [J]. American Economic Review, 2001, 91: 877 –908.

[12] Aragón-Correa J. A., Sharma S. A contingent resource-based view of proactive corporate environmental strategy [J]. Academy of Management Review, 2003, 28: 71 –88.

[13] Arimura., Hibiki A., ImaiS, et al. Empirical analysis of the impact that environmenial policy has on technological innovation. Working Paper, 2006.

[14] Arimura, T., A. Hibiki, and N. Johnstone. An empirical study of environmental R&D: What encourages facilities to be environmentally innovative?, In Corporate behaviour and environmental policy, ed. N. Johnstone Cheltenham, UK: Edward Elgar in association with OECD, 2007.

[15] Ashford, N. A. Understanding technological responses of industrial firms to environmental problems: Implications for government policy. In Environmental strategies for industry, ed. K. Fischer, and J. Schot, 277 –307. Washington, DC: Island Press, 1993.

[16] Baumol William, J., Wallace E. Oates. The theory of environmental policy [M]. Cambridge University Press, 1988.

[17] Barbera, A. J. and V. D. McConnell. The impact of environmental regulation on industry productivity: direct and indirect effects [J]. Journal of Environmental Economics and Management, 1990, 18: 50 –65.

[18] Barney, J. B. Strategic factor markets: expectations, luck, and business strategy [J]. Management Science, 1986, 32: 1231 –1241.

[19] Becher, R. A. Local environmental regulation and plant-level productivity

[J]. Ecological Economics, 2011, 70 (12): 2516-2522.

[20] Beyer, S. Environmental law and policy in the People's Republic of China [J]. Chin. J. Int. Law, 2006, 5: 185-211.

[21] Berman, E., Bui, L. T. M. Environmental regulation and productivity: Evidence From oil refineries [J]. Review of Economics and Statistics, 2001, 83: 498-510.

[22] Boyd, G. A., Mc Clelland J. D. The impact of environmental constraints on productivity improvement in integrated paper plants [J]. Journal of Environmental Economics and Management, 1999, 38 (2): 121-142.

[23] Brannlund, Fare, and Grosskopf. Environmental regulation and profitability: An application to Swedish pulp and paper mills [J]. Environmental and Resource Economics, 1995, 6 (1): 23-36.

[24] Brunnermeier, S. B., Cohen, M. A. Determinants of environmental innovation in US manufacturing industries [J]. Journal of Environmental Economics and Management, 2003, 45: 278-293.

[25] Brunel, C., Levinson, Arik. Measuring the stringency of environmental regulations [J]. Review of Environmental Economics and Policy, 2016, 10 (1): 47-67.

[26] Busse, M. Trade, Environmental regulations and the World Trade Organization: New empirical evidence [J]. Journal of World Trade, 2004, (38).

[27] Carrion-Flores, C. E., Innes, R. Environmental innovation and environmental performance [J]. Journal of Environmental Economics and Management, 2010, 59: 27-42.

[28] Christmann, P. Effects of "best practices" of environmental management on cost advantage: the role of complementary assets [J]. Academy of Management Journal, 2000, 43: 663-680.

[29] Clift, R., Wright, L. Relationships between environmental impacts and added value along the supply chain [J]. Technological Forecasting and Social Change,

2000, 65: 281 - 295.

[30] Coad, A., Rao, R. Firm growth and R&D expenditure [J]. Economics of Innovation and New Technology, 2000, 19 (2): 127 - 145.

[31] Conrad, K., Wastl, D. The impact of environmental regulation on productivity in German industries [J]. Empirical Economics, 1995, 20 (4): 615 - 633.

[32] Constantatos, C., and M. Herrmann. Market inertia and the introduction of green products: Can strategic effects justify the Porter hypothesis? [J]. Environmental and Resource Economics, 2011, 50: 267 - 84.

[33] Cropper M. L, Oates W. E. Environmental economics: A Survey [J]. Journal of Economic Literature, 1992, (30): 675 - 740.

[34] Damall, N. G., Jolley, J. and Ytterhus, B. Understanding the relationship between a facility's environmental and financial pevfovmancc [J]. Corporate Behaviour and Environmental Policy, 2007, 6: 213 - 259.

[35] Damall, N. G., Jolley, J. and Ytterhus, B. Understanding the relationship between a facility's environmental and financial pevfovmancc [J]. Corporate Behaviour and Environmental, 2007, 6: 213 - 259.

[36] Dasgupta, S., Laplante, B., Mamingi, N., H. Wang. Inspections, pollution prices, and environmental performance: Evidence From China [J]. Ecological Economics, 2001, 36: 487 - 498.

[37] Dasgupta, S., Mody, A., Roy, S., Wheeler, D. Environmental regulation and development: A cross-country empirical analysis, World Bank, Policy Research Department [C]. Working Paper, 1995.

[38] David P. Pollution control innovations and the Clean Air Act of 1990 [J]. Journal of POlicy Analysis and Management, 2003, 22 (4): 641 - 660.

[39] Denison E. F. Accounting for slower economic growth: The United States in the 1970s [J]. Southern Economic Journal, 1981, 47 (4): 1191 - 1193.

[40] Desrochers, Pierre, and Colleen E. Haight. Squandered profit opportunities?

Some historical perspective on industrial waste and the Porter hypothesis. Mimeograph. Economics Department, San Jose State University, 2012.

[41] Domazlicky, B. R. , Weber, W. L. Does environmental protection lead to slower productivity growth in the chemica industry? [J]. Environmental and Resource Economics, 2004, 28, 301 – 324.

[42] Dufour C. , Lanoie P. , Party M. Regulation and produotivity in the quebec manufacturing sector [J]. Journal of Productivity analysis, 1998, 9: 233 – 24.

[43] Eiadat Y. , Kelly A. , Roche F. Green and competitive? An empirical test of the mediating role of environmental innovation strategy [J]. Journal of World Business, 2008, 43 (2): 131 – 145.

[44] Eliste, P. , Fredriksson, P. G. Does Trade liberalisation cause a race to the bottom in environmental policies? A spatial econometric analysis. In L. Anselin and R. Florax (eds) New Advances in Spatial Econometrics [M]. Berlin: Springer-Verlag, 2001.

[45] Esty D. C. , Porter M. E. Ranking national environmental regulation and performance: a leading indicator of future competitiveness? In The Global Competitiveness Report 2001 – 2002, M. E. Porter, J. D. Sachs, P. K. Cornelius, J. W. McAuthur, and K. Schwab (eds), Oxford University Press, Oxford, 78 – 101, 2002.

[46] Fisher C. , Parry I. W. H. , Pizer W. A. Instrument choice for environmental protection when technological innovation is endogenous [J]. Journal of Environmental Economics and Management, 2003, 45 (3): 523 – 545.

[47] Fouts P. A. , Russo M. V. A resource-based perspective on corporate environmental performance and profitability [J]. The Academy of Management Journal, 1997, 40: 534 – 559.

[48] Franz Wirl. Taxes versus permits as incentive for the intertemporal supply of a clean technology by a Monopoly [J]. Resource and Energy Economics, 2014 (36): 248 – 269.

[49] Francesco Testa. , Fabio Iraldo. , Macro Frey. The effect of environmental

regulation on firms' competitive performance [J]. Journal of Environmental Management, 2011 (92): 2136 – 2144.

[50] Francesco Testa., David Styles., Fabio Iraldo. Case study evidence that direct regulation remains the main driver of industrial pollution avoidance and may benefit operational efficiency [J]. Journal of Cleaner Production, 2012 (21): 1 – 10.

[51] Frondel, M., Horbach, J., Rennings, K. End-of-pipe or cleaner production? An empirical comparison of environmental innovation decisions across OECD countries [J]. Business Strategy and the Environment, 2007, 16 (8): 571 – 584.

[52] Gabel, H. L., and B. Sinclair-Desgagne. The firm, its routines, and the environment. In the international yearbook of environmental and resource economics 1998/1999: A survey of current issues, ed. Folmer, H., and T. Tietenberg. Cheltenham, UK: Edward Elgar, 1998.

[53] Gamper-Rabindran, S., Finger, S. R. Does industry self, regulation reduce pollution? Responsible care in the chemical industry [J]. J Regul Econ, 2013, 4.3: 1 – 30.

[54] Gilles Grolleau, Naoufel Mzoughi and Sanja Pekovic. Is business performance related to the adoption of quality and environmental-related standards? [J]. Environmental and Resource Economics, 2013 (54): 525 – 548.

[55] Gollop, F. M. and M. J. Roberts. Environmental regulation and productivity growth: the case of fossil-fueled electric power generation [J]. Journal of Political Economy, 1983, 91 (4): 654 – 674.

[56] Grabowski, H., Vernon, J. The determinants of pharmaceutical research and development expenditures [J]. Journal of Evolutional Economics, 2000, 10 (1 – 2): 201 – 215.

[57] Gray, W. B. The cost of regulation: OSHA, EPA and the productivity slowdown [J]. American Economic Review, 1987, 77: 998 – 1006.

[58] Gray, W., Shadbegian R. Pollution abatement costs, regulation, and plant-level productivity. NBER Working Paper, 1995, No. 4994.

[59] Gray, W., Shadbegian R. Pollution abatement expenditure and plant-level-productivity: production function approach [J]. Ecological Economics, 2005, 54: 196 – 208.

[60] Greaker, M. Strategic environmental policy: Eco-dumping or a green strategy? [J]. Journal of Environmental Economics and Management, 2003, 45 (3): 692 – 707.

[61] Hall R. The strategic analysis of intangible resources [J]. Strategic Management Journal, 1992, 13: 135 – 144.

[62] Hamamoto, M. Environmental regulation and the productivity of Japanese manufacturing industries [J]. Resource and Energy Economics, 2006, 28: 299 – 312.

[63] Hemmelskamp, J. The influence of environmental policy on innovative behavior-an econometric study. Fondazione Eni Enrico Mattei Working Paper, 1999, No. 18.99, Milan.

[64] Hicks, J. R. The theory of wages, 1st ed. London: Macmillan, 1932.

[65] Horbach, J. Determinants of environmental innovation-new evidence from German panel data sources [J]. Research Policy, 2008, 37 (2): 163 – 173.

[66] Iraldo F., Testa F., Melis M., Frey M. A literature review on the link between environmental regulation and competitiveness [J]. Environmental Policy and Governance, 2011 (21): 210 – 222.

[67] Iraldo F., Testa F., Frey M. Is an environmental management system able to influence environmental and competitive performance? The case of an eco-management and audit scheme (EMAS) in the European Union [J]. Journal of Cleaner Production, 2009 (17): 1444 – 1452.

[68] Jaffe, A. B., S. R. Peterson, P. R. Portney, and R. N. Stavins. Environmental regulation and international competitiveness: What does the evidence tell us? [J]. Journal of Economic Literature, 1995, 93: 132 – 63.

[69] Jaffe, A. B. and K. Palmer. Environmental regulation and innovation: a pan-

el data study [J]. Review of Economics and Statistics, 1997, 79 (4): 610 – 619.

[70] Jaffe, A. B., Newell R. G., Stavins R. N. Environmental policy and technological change [J]. Environmental and Resource Economics, 2002 (22): 41 – 69.

[71] Jenkins R. Environmental regulation and international competitiveness: A review of literature and some European evidence. United Nations University Institute for New Technologies, 1998.

[72] Johnstone, N., I. Hascic, and D. Popp. Renewable energy policies and technological innovation: Evidence based on patent counts [J]. Environmental and Resource Economics, 2010, 45 (1): 55 – 133.

[73] Jorgennson D. J., Wileoxen P. J. Environrnental regulationand U. S economic growth [J]. The RAND Journal of Economics, 1990, 21 (2): 314 – 34.

[74] Kahn, A. E. The economics of reguiation: Principles and institutions [M]. Cambridge, Mass: MIT Press, 1988: 36 – 45.

[75] Keith Brouhle, Brad Graham, Donna Ramirez Harrington. Innovation under the climate wise program [J]. Resource and Energy Economics, 2013 (35): 91 – 112.

[76] Kennedy, Peter. Innovation stochastique et cou't de la re′glementation environnementale [J]. L'Actualite' e'conomique, 1994, 70 (2): 199 – 209.

[77] Khanna, M., Kumar, S. Corporate environmental management and environmental efficiency [J]. Environ Resource Econ, 2011, 50: 227 – 242.

[78] King, A., Lenox, M. Exploring the locus of profitable pollution reduction [J]. Management Science, 2002, 48: 289 – 299.

[79] Kneller, R., Manderson, E. Environmental regulations and innovation activity in UK manufacturing industries [J]. Resource and Energy Economics, 2012, 34: 211 – 235.

[80] Kuntze U. Regulation and innovation: Empirical links in plastics recycling. Final report, Karlsruhe (Fraunhofe-Institut für System-und Innovations forschung (ISI), 1999, September.

[81] Lanjouw, J. O., Mody, A. Innovation and the international diffusion of environmentally responsive technology [J]. Research Policy, 1996 (25): 49 –571.

[82] Lanoie P, Patry M, Lajeunesse R. Environmenial regulation and Produetivity: New findings on the Porter hypothesis. Working Paper, 2001.

[83] Lanoie, P., Patry, M., Lajeunesse, R. Environmental regulation and productivity: Testing the Porter hypothesis. Journal of Productivity Analysis, 2008, 30, 121 – 128.

[84] Lanoie, P., Laurent-Lucchetti, J., Johnstone, N., Ambec, S. Environmental policy, innovation and performance: new insights on the Porter hypothesis [J]. Journal of Economics & Management Strategy, 2011, 20 (3): 803 – 842.

[85] Laplante, B., Rilstone, P. Environmental inspections and emissions of the pulp and paperIndustry in Quebec [J], Journal of Environmental Economics and Management, 1996, 31: 9 – 36.

[86] Lee, Jaegul., Francisco M. Veloso, and David A. Hounshell. Linking induced technological change, and environmental regulation: Evidence from patenting in the U. S. auto industry [J]. Research Policy, 2011, 40 (9): 1240 – 52.

[87] Levinsohn, J. and A. Petrin. Estimating production functions using inputs to control unobservables [J]. Review of Economic Studies, 2003, 70: 317 –342.

[88] Lieberman, M., and D. Montgomery. First-mover advantages [J]. Strategic Management Journal, 1988, 9: 1 – 58.

[89] List John, A., Catherine, Y. CO. The effects of environmental regulations on foreign direct investment [J]. Journal of Environmental Economics and Management, 2000, 40 (1): 1 – 20.

[90] Lo, C., Fryxell, G., Wong, W. Effective regulations with little effect? The antecedents of the perceptions of environmental officials on enforcement effectiveness [J]. Environ. Manag, 2006, 38: 388 –410.

[91] Low, P., and A. Yeats. Do "dirty" industries migrate [J]. International Trade and the Environment, 1992, (159).

[92] Luken R. The effect of environmental regulation on industrial competitiveness of selected industries indeveloping countries [J]. Greener Management International, 1997, 19: 67 – 78.

[93] Magat, W. A., Viscusi, W. K. Effectiveness of the Epa's regulatory enforcement: The case ofIndustrial effluent standards [J]. Journal of Law and Economics, 1990, 33: 331 – 360.

[94] Magill, F. N. Survey of social science-economics series, Vol. 4, Salem Press, Inc., pp. 1973 – 1974, 1991.

[95] Majumdar S. K., Marcus A. Do environmental regulations retard productivity? evidence from US electric utilities [J]. University of Michigan Business School Working Paper, 1999, NO. 98008.

[96] Managi, S., Opaluch, J., Jin, D., Grigalunas, T. Environmental regulations and technological change in the offshore oil and gas industry [J]. Land Economics, 2005, 81: 303 – 319.

[97] Mani, and Wheeler. In search of pollution havens? Dirty industry in the world economy, 1960 – 1995 [J]. Journal of Environment and Development, 2003, (7).

[98] Marcus A. A., Nichols M. L. On the edge: Heeding the warnings of unusual events [J]. Organization Science, 1999, 10: 482 – 499.

[99] Marin, G. Do eco-innovations harm productivity growth through crowding out? Results of an extended CDM model for Italy [J]. Research Policy, 2014 (43): 301 – 317.

[100] Mei-Jane Teng, Shih-Ying Wu, Stephen Jui-Hsein Chou. Environmental commitment and economic performance-short-term pain for long-term Gain [J]. Environmental Policy and Governance, 2014 (24): 16 – 27.

[101] Mohr, R. D. Technical change, external economies, and the Porter hypothesis [J]. Journal of Environmental Economics and Management, 2002, 43 (1): 158 – 168.

[102] Mohr, R. D., and S. Saha. Distribution of environmental costs and benefits, additional distortions and the Porter hypothesis [J]. Land Economics, 2008, 84 (4): 689 – 700.

[103] Nelson, R. A., T. Tietenberg, and M. R. Donihue. Differential environmental regulation: Effects on electric utility capital turnover and emissions [J]. Review of Economics and Statistics, 1993, 75 (2): 368 – 373.

[104] Nemet, G. F., Kammen, D. M. U. S. Energy research and development: Declining investment, increasing need, and the feasibility of expansion [J]. Energy Policy, 2007, 35, 746 – 755.

[105] Palmer, K., W. E. Oates, and P. R. Portney. Tightening environmental standards: The benefit-cost or the no-cost paradigm? [J]. Journal of Economic Perspectives, 1995, 9 (4): 119 – 132.

[106] Popp, D. Pollution control innovations and the Clean Air Act of 1990 [J]. Journal of Policy Analysis and Management, 2003, 22 (4): 641 – 660.

[107] Popp, D. Pollution control innovations and the Clean Air Act of 1990 [J]. Journal of Policy Analysis and Management, 2004, 22 (4): 60 – 641.

[108] Popp, D. International innovation and diffusion of air pollution control technologies: The effects of NO_X and SO_2 regulation in the US, Japan, and Germany [J]. Journal of Environmental Economics and Management, 2006, 51 (1): 46 – 71.

[109] Popp, D., Newell, R. Where does energy R&D come from? Examining crowding out from energy R&D [J]. Energy Economics, 2012, 34: 980 – 991.

[110] Porter, M. E. and van der Linde, C. Toward a new conception of the environment-competitiveness relationship [J]. Journal of Economic Perspectives, 1995, 9 (4): 97 – 118.

[111] Porter, M. E. America's green strategy. Scientific American, 1991 (4): 168.

[112] Rassier, D. G., Dietrich Earnhart. Short-run and long-run implications of environmental regulation on financial Performance [J]. Contemporary Economic Policy,

2011, 29 (3): 357 – 373.

[113] Rege, M. Strategic policy and environmental quality: Helping the domestic industry to provide credible information [J]. Environmental and Resource Economics, 2000, 15 (3): 279 – 296.

[114] Roediger-Schluga, T. Some micro-evidence on the "Porter hypothesis from Austrian VOC emission standards" [J]. Growth and Change, 2003, 34: 359 – 379.

[115] Rugman, A. M., Verbeke A. Corporate strategies and environmental regulations: an organizing framework [J]. Strategic Management Journal, 1998, 19: 363 – 375.

[116] Rumelt R. Towards a strategic theory of the firm [A]. In R. Lamb (ed.), Competitive Stragic Management [C]. Englewood Cliffs, NJ: Prentice-Hall, 1984: 556 – 570.

[117] Sancho, F. H., Tadeo, A. P., Martinez, E. Efficiency and environmental regulation: An application to Spanish wooden goods and furnishings industry [J]. Environmental and Resource Economics, 2000, 15: 365 – 378.

[118] Shrivastava P. Environmental technologies and competitive advantage [J]. Strategic Management Journal, 1996, 16: 183 – 200.

[119] Solow, Robert M. Technical change and the aggregate production function [J]. The Review of Economics and Statistics, 1957, 3 (39): 312 – 320.

[120] Siddharthana, N. S., Agarwal, R. N. Determinants of R&D decisions: a cross-section study of Indian private corporate firms [J]. Economics of Innovation and New Technology, 1992. 2 (2): 103 – 110.

[121] Sinclair-Desgagne, B. Remarks on environmental regulation, firm behavior and innovation [J]. CIRANO Working Papers No. 99s – 20, 1999.

[122] Simpson, D., and R. L. Bradford. Taxing variable cost: Environmental regulation as industrial policy [J]. Journal of Environmental Economics and Management, 1996, 30 (3): 282 – 300.

[123] Sonia Ben Kheder, Natalia Zugravu. The pollution haven hypothesis: A geographic economy model in a comparative study [R]. Working Papers April, 2008.

[124] Stokoe, S., Gasne, S. China's environmental law framework. Pacific Business Press, 2008.

[125] Teece, D. J. Contributions and impediments of economic analysis to the study of strategic management. In JW Frederickson (ed.), Perspectives on Strategic Management, New York, Harper Business, 39 – 80, 1980.

[126] Telle, K and Larsson, J. Do environmental regulations hamper productivity growth? How accounting for improvements of firm's. environmental performance can changethe conclusion. Discussion Papers Statistics Norway, Research Department. No. 374, 2004.

[127] van Beers, C., van den Bergh, J. An empirical multi-country analysis of the impact of environmental regulations on foreign trade flows [J]. Kyklos, 1997, (50).

[128] van Beers, C., van den Bergh, J. The impact of environmental policy on foreign trade: Tobey revisited with a bilateral trade flow [C]. The Tinbergen Institute Discussion Paper, TI 2000 – 069/3.

[129] van Leeuwen G, Mohnen P. Revising the Porter hypothesis: An empirical analysis of green innovation for the Netherlands. UNU-MERIT Working Paper Series, 2013 – 002.

[130] Wang, H., N. Mamingi, B. Laplante, and S. Dasgupta. Incomplete enforcement of pollution regulation: bargaining power of Chinese factories [J]. Environmental and Resource Economics, 2003, 24 (3): 245 – 262.

[131] Wang, H. and Y. Jin. Industrial ownership and environmental performance: Evidence from China [J]. Environmental and Resources Economics, 2007, 36 (3): 255 – 273.

[132] Winalski, D. Cleaner water in China? The implications of amendments to China's law on the prevention and control of water pollution [J]. J. Environ. Law Litig,

2009, 24: 181-202.

[133] Xu, X. International trade and environmental regulation [J]. Environmental and Resource Economics, 2000, 17 (1), 233-257.

[134] Yang, C., Y. Tseng, and C. Chen. Environmental regulations, induced R&D, and productivity: Evidence from Taiwan's manufacturig industries [J]. Resource and Energy Economics, 2012, 34 (4): 514-532.

[135] Ziesemer, T. A knowledged-based view of the Porter hypothesis [J]. Environmental policy and governance, 2013, 23: 193-208.

[136] 保罗·萨缪尔森、威廉·诺德豪斯. 经济学 [M]. 高鸿业译, 北京: 中国发展出版社, 1992: 864-865.

[137] 白雪洁, 宋莹. 环境规制、技术创新与中国火电行业的效率提升 [J]. 中国工业经济, 2009, (8): 68-77.

[138] 别涛, 赵柯. 关于完善中国环境保护法律体系的设想 [J]. 中国环境管理, 2004 (3).

[139] 陈刚. FDI竞争、环境规制与污染避难所——对中国式分权的反思 [J]. 世界经济研究, 2009, (6).

[140] 陈诗一. 中国的绿色工业革命: 基于环境全要素生产率视角的解释 [J]. 经济研究, 2010 (11): 21-34.

[141] 陈莹. 国际环境规制对我国出口贸易的影响与对策 [J]. 对外经贸实务, 2012 (5): 43-45.

[142] 陈艳莹, 孙辉. 环境管制与企业的竞争优势——对波特假说的修正 [J]. 科技进步与对策, 2009, 26: 59-61.

[143] 程华, 廖中举. 中国环境政策演变及其对企业环境创新绩效影响的实证研究 [J]. 技术经济, 2010 (11): 8-13.

[144] 戴翔, 张二震. 中国出口技术复杂度真的赶上发达国家了吗? [J]. 国际贸易问题, 2011 (7): 3-16.

[145] 丹尼尔·F. 史普博. 管制与市场 [M]. 上海: 上海三联书店、上海人民出版社, 1999: 45.

[146] 冯根福，刘军虎，徐志霖．中国工业部门研发效率及其影响因素实证分析 [J]．中国工业经济，2006（11）：46 – 51．

[147] [德] 约瑟夫·熊彼特．经济发展理论 [M]．何畏，易家详译．北京：商务印书馆，2000．

[148] 傅京燕．环境规制与产业国际竞争力 [M]．北京：经济科学出版社，2006．

[149] 傅京燕，李丽莎．环境规制、要素禀赋与产业国际竞争力的实证研究 [J]．管理世界，2010（10）：87 – 98．

[150] 冯卓．基于SCP框架的中国能源产业环境规制政策效应研究 [D]．辽宁大学博士论文，2013．

[151] 侯伟丽．中国经济增长与环境质量 [M]．北京：科学出版社，2005．

[152] 黄德春，刘志彪．环境规制与企业自主创新——基于波特假设的企业竞争优势构建 [J]．中国工业经济，2006（3）：100 – 106．

[153] 黄平，胡日东．环境规制与企业技术创新相互促进的机理与实证研究 [J]．财经理论与实践，2010（1）：99 – 103．

[154] 贾瑞跃，魏玖长，赵定涛．环境规制和生产技术进步——基于规制工具视角的实证分析 [J]．中国科技大学学报，2013（3）：217 – 222．

[155] 贾瑞跃，赵定涛．工业污染控制绩效评价模型：基于环境规制视角的实证研究 [J]．系统工程，2012，30（6）：1 – 9．

[156] 靳云汇，金赛男．高级计量经济学 [M]．北京：北京大学出版社，2011．

[157] 江珂，卢现祥．环境规制与技术创新——基于中国1997 – 2007年省际面板数据分析 [J]．科研管理，2011（7）：60 – 66．

[158] 蒋伏心，王竹君，白俊红．环境规制对技术创新影响的双重效应[J]．中国工业经济，2013（7）：44 – 55．

[159] 金培等．资源与增长 [M]．经济管理出版社2009年版，第279 – 280页．

[160] 郎铁柱，钟定胜．环境保护与可持续发展 [M]．天津：天津大学出版

社, 2005.

[161] 李强, 聂锐. 环境规制对中国企业技术创新影响的实证分环境规制与区域技术创新——基于中国省际面板数据的实证分析 [J]. 中南财经政法大学学报, 2009 (4): 18-22.

[162] 李怡娜, 叶飞. 制度压力、绿色环保创新实践与企业绩效关系——基于新制度主义理论和生态现代化理论视角 [J]. 科学学研究, 2011, 29 (12): 1884-1894.

[163] 黎开颜, 陈飞翔. 深化开放中的锁定效应与技术依赖 [J]. 数量经济技术经济研究, 2008, (11).

[164] 李钢, 马岩, 姚磊磊. 中国工业环境管制强度与提升路线 [J]. 中国工业经济, 2010, (3).

[165] 李勃昕, 韩先锋, 宋文飞. 环境规制影响清洁生产型产业技术创新效率吗? [J]. 中国科技论坛, 2013, (5): 68-76.

[166] 李勃昕, 韩先锋, 宋文飞. 环境规制是否影响了中国工业 R&D 创新效率 [J]. 科学学研究, 2013, (7): 1032-1040.

[167] 李斌, 彭星, 欧阳铭珂. 环境规制、绿色全要素生产率与中国工业发展方式转变——基于36个工业行业数据的实证研究 [J]. 中国工业经济, 2013 (4).

[168] 李树, 陈刚. 环境规制与生产率增长——以 APPCL2000 的修订为例 [J]. 经济研究, 2013, (1).

[169] 李晓钟, 张小蒂. 外商直接投资对中国技术创新能力影响及地区差异分析 [J]. 中国工业经济, 2008, (9): 77-87.

[170] 李昭华. 欧盟玩具业环境规制对我国玩具出口的绿色壁垒效应 [J]. 经济学 (刊), 2009, (4).

[171] 李铃, 陶锋. 中国制造业最优环境规制的强度的选择——基于绿色全要素生产率的视角 [J]. 中国工业经济, 2012 (5).

[172] 李胜文, 李新春, 杨学儒. 中国的环境效率与环境管制 [J]. 财经研究, 2010 (2): 59-68.

[173] 李阳, 党兴华, 韩先锋, 宋文飞. 环境规制对技术创新长短期影响的异质性效应——基于价值链视角的两阶段分析 [J]. 科学学研究, 2014 (6): 938–949.

[174] 廖中举, 杨晓刚. 国内外环境创新的内涵界定与测量研究 [J]. 未来与发展, 2013, 36 (1): 18–21.

[175] 廖中举, 程华. 企业环境创新的影响因素及其绩效研究——基于环境政策和企业背景特征的视角 [J]. 科学学研究, 2014 (5): 793–800.

[176] 卢文超. 官员政绩诉求、环境规制与企业生产率 [D]. 西南财经大学博士论文, 2013.

[177] 陆旸, 郭路. 环境库兹涅茨倒 U 型曲线和环境支出的 S 曲线: 一个新古典增长框架下的理论解释 [J]. 世界经济, 2008 (12).

[178] 陆旸. 环境规制影响了污染密集型商品的贸易比较优势吗? [J]. 经济研究, 2009 (4).

[179] 彭可茂, 席利卿, 彭开丽. 环境规制对中国油料作物产出影响的研究——基于距离函数对技术效率的测度 [J]. 统计与信息论坛, 2012 (2).

[180] 沈能, 刘凤朝. 高强度的环境规制真能促进技术创新吗? [J]. 中国软科学, 2012 (4): 49–59.

[181] 沈能. 环境效率、行业异质性与最优规制强度 [J]. 中国工业经济, 2012 (3): 56–68.

[182] 宋国君等. 环境政策分析 [M]. 北京: 化学工业出版社, 2008.

[183] 施蒂格勒. 产业组织与政府管制 [M]. 上海: 上海三联书店、上海人民出版社, 1998: 210.

[184] 世界银行环境局, K. 哈密尔顿等著. 里约后五年——环境政策的创新 [M]. 北京: 中国环境科学出版社, 1998.

[185] 涂红星, 肖序. 环境管制会影响公司绩效吗?——以中国 6 大水污染密集型行业为例 [J]. 财经论丛, 2013 (9): 112–117.

[186] 王杰, 刘斌. 环境规制与企业全要素生产率 [J]. 中国工业经济, 2014 (3): 44–56.

[187] 王兵,王丽. 环境约束下中国区域工业技术效率与生产率及其影响因素实证研究 [J]. 南方经济, 2010 (11).

[188] 王俊豪. 政府管制经济学导论 [M]. 北京: 商务印书馆, 2001: 2.

[189] 王国印, 王动. 波特假说、环境规制与企业技术创新——对中东部地区的比较分析 [J]. 中国软科学, 2011 (1): 100-112.

[190] 王文普. 环境规制的经济效应研究——作用机制与中国实证 [D]. 山东大学博士论文, 2012.

[191] 王建明, 陈红喜, 袁瑜. 企业绿色创新活动的中介效应实证 [J]. 中国人口·资源与环境, 2010, 20 (6): 111-117.

[192] 王志刚, 龚六堂, 陈玉宇. 地区间生产效率与全要素生产率增长率分解 (1978-2003) [J]. 中国社会科学, 2006, (2): 55-66.

[193] 吴军, 笪凤媛, 张建华. 环境管制与中国区域生产率增长 [J]. 统计研究, 2010 (1): 50-58.

[194] 吴玉鸣. 外商直接投资对环境规制的影响 [J]. 国际贸易研究, 2006, 4: 111-116.

[195] 肖显静, 赵伟. 从技术创新到环境技术创新 [J]. 科学技术与辩证法, 2006, 4: 80-83.

[196] 熊鹰, 徐翔. 政府环境监管与企业污染治理的博弈分析及对策研究 [J]. 云南社会科学, 2007, (4): 60-63.

[197] 徐敏燕, 左和平. 集聚效应下环境规制与产业竞争力关系研究 [J]. 中国工业经济, 2013 (3): 72-84.

[198] 许庆瑞, 吕燕, 王伟强. 中国企业环境技术创新研究 [J]. 中国软科学, 1995 (5): 16-20.

[199] 许士春. 环境管制与企业竞争力——基于"波特假说"的质疑 [J]. 国际贸易问题, 2007, 5: 78-53.

[200] 许冬兰, 董博. 环境规制对技术效率和生产力损失的影响分析 [J]. 中国人口、资源与环境, 2009 (6): 91-96.

[201] 杨建文. 政府规制: 21世纪理论研究潮流 [M]. 北京: 学林出版社,

2007: 2.

[202] 杨涛. 环境规制对中国对外贸易影响的实证分析 [J]. 当代财经, 2003, 10: 103 - 105.

[203] 应瑞瑶, 周力. 外国直接投资、工业污染与环境规制——基于中国数据的计量经济分析 [J]. 财贸经济, 2006, 1: 76 - 81.

[204] 余晖. 管制与自律 [M]. 杭州: 浙江大学出版社, 2008: 25 - 29.

[205] 约翰·伊特韦尔, 默里·米尔盖特, 彼得·纽曼. 新帕尔格雷夫经济学大辞典 [M]. 中译本, 北京: 经济科学出版社, 1996: 137.

[206] 张成, 于同申, 郭路. 环境规制影响了中国工业的生产率吗?——基于DEA与协整分析的实证检验 [J]. 经济理论与经济管理, 2010, (3).

[207] 张成, 陆旸. 环境规制强度和生产技术进步 [J]. 经济研究, 2011 (2): 113 - 124.

[208] 张红凤. 环境规制理论研究 [M]. 北京: 北京大学出版社, 2012: 10.

[209] 张红凤, 周峰, 杨慧, 郭庆. 环境保护与经济发展双赢的规制绩效实证分析 [J]. 经济研究, 2009 (3): 14 - 26.

[210] 张夏, 胡益鸣. 环境管制与中国省际技术进步——基于Malmquist-Luenberger指数研究 [J]. 宁夏大学学报, 2010 (5).

[211] 张中元, 赵国庆. FDI、环境规制与技术进步——基于中国省际数据的实证分析 [J]. 数量经济技术经济研究, 2013 (4): 19 - 32.

[212] 赵红. 环境规制对中国产业技术创新的影响 [J]. 经济管理, 2007: 21.

[213] 赵红. 环境规制对中国产业绩效影响的实证研究 [M]. 北京: 经济科学出版社, 2011: 35.

[214] 赵红. 环境规制对中国企业技术创新影响的实证分析 [J]. 管理现代化, 2008 (3): 3 - 5.

[215] 赵玉民, 朱方明, 贺立龙. 环境规制的界定、分类与演进研究 [J]. 中国人口·资源境, 2009, (6): 85 - 90.

[216] 赵细康. 环境保护与产业国际竞争力——理论与实证分析 [M]. 北京：中国社会科学出版社，2003：252.

[217] 植草益. 微观规制经济学 [M]. 北京：中国发展出版社，1992：1.

[218] 周权雄，朱卫平. 国企锦标赛激励效应与制约因素研究 [J]. 经济学（季刊），2010（2）：571-595.

附录

附录 A 中国环境规制政策发展历程

	年份	组织机构	相关法律	行政法规	部门章程	其他
开始起步阶段	1971	成立国家计委环境保护办公室				
	1972					中国政府派代表团参加了联合国人类环境大会
	1973	成立国务院环境保护领导小组办公室		公布《关于保护和改善环境的若干规定》（试行草案）	公布《工业"三废"排放试行标准》	第一次全国环境保护会议召开
	1974	成立国家建设委员会环境保护办公室		公布《中华人民共和国沿海水域污染暂行规定》和《放射性防护规定》		
	1977			《关于治理工业"三废"开展综合利用的几项规定》，提出"三同时"规定		
	1978					中国第一次将环境保护列入《宪法》之中
	1979		颁布《中华人民共和国环境保护法（试行）》			
	1982	撤销国务院环境保护领导小组办公室，城乡建设环境保护部内设环境保护局	《中华人民共和国海洋环境保护法》（1982.8）			

· 191 ·

续表

年份	组织机构	相关法律	行政法规	部门章程	其他
1983		《中华人民共和国海洋环境保护法（修订案）》（1983.12）			第二次全国环境保护会议召开
1984	1984年5月成立环境保护委员会，办公室设在城乡建设环境保护部，有环境保护局代行其职。1984年12月环境保护局改名为国家环境保护局，但仍归城乡建设环境保护部领导	颁布《中华人民共和国水污染防治法》（1984.5）、《中华人民共和国森林法》（1984.9）			
1985		《中华人民共和国草原法》（1985.6）	《中华人民共和国海洋倾废管理条例》（1985.3）、《中华人民共和国海洋倾废管理条例实施办法》（1990.9）	《森林和野生动物类型自然保护区管理办法》（1985.7）	
1986		颁布《中华人民共和国渔业法（1986.1）、《中华人民共和国矿产资源法》（1986.3）、《中华人民共和国土地管理法》（1986.6）			
1987		《中华人民共和国大气污染防治法》（1987.9）	公布《化学危险物品安全管理条例》、《城市放射性废物管理办法》（1987.7）	《森林采伐更新管理办法》（1987.9）、《矿产资源勘查、采矿登记收费标准及其使用范围的暂行规定》（1987.7）	
1988	国家环境保护局成立，从建设部中分离出来	《中华人民共和国水法》（1988.10）、《中华人民共和国野生动物保护法》（1988.11）、《中华人民共和国土地管理法（修订本）》（1988.12）	《渔业资源增值保护费征收使用办法》（1988.10）	《石油及天然气勘查、开采登记收费暂行规定》（1988.4）	
1989		颁布《中华人民共和国环境保护法》	《水污染防治法实施细则》（1989.7）	公布《饮用水水源保护区污染防治管理规定》	第三次全国环境保护会议召开

快速发展阶段

续表

	年份	组织机构	相关法律	行政法规	部门章程	其他
快速发展阶段	1990			《中华人民共和国核材料管理条例实施细则》（1990.9）、《中华人民共和国防止海岸工程建设项目污染损害海洋环境管理条例》（1990.6）	《汽车排气污染监督管理办法》（1990.8）	
	1991		颁布《中华人民共和国水土保持法》（1991.6）		公布《全国机动车尾气排放检测管理制度》（暂行）	
	1992			《中华人民共和国野生动物保护实施条例》（1992.3）		
	1993			公布《核电厂核事故应急管理条例》（1993.8）、《中华人民共和国水土保持法实施条例》（1993.8）、《取水许可证制度实施办法》（1993.6）、《草原防火条例》（1993.10）、《中华人民共和国水生野生动物保护实施条例》（1993.10）、《矿产资源补偿费征收管理规定》（1993.6）		
	1994			公布《中华人民共和国自然保护区条例》、《中华人民共和国矿产资源法实施细则》（1994.3）		我国政府在里约热内卢会后制定的环境与发展十大对策的基础上，发表了《中国二十一世纪议程——中国人口、环境与发展》白皮书
	1995		《中华人民共和国大气污染防治法（修订案）》（1995.8）《中华人民共和国固体废物污染环境防治法》（1995.10）			提出《关于国民经济和社会发展"九五"计划和2010年远景目标建议》

续表

	年份	组织机构	相关法律	行政法规	部门章程	其他
全面深化阶段	1996		颁布《中华人民共和国环境噪声污染防治法》(1996.10)、《水污染防治法》(1996.5)、《中华人民共和国矿产资源法(修正案)》(1996.8)、《中华人民共和国煤炭法》(1996.8)	公布《中华人民共和国野生植物保护条例》	《废物进口环境保护管理暂行规定及补充规定》(1996.3、1996.8)	第四次全国环境保护会议召开
	1997		《中华人民共和国防洪法》(1997.8)	公布《关于加强农用运输车管理意见的通知》和《电磁辐射环境保护管理办法》	《并网核电厂电力生产安全管理》(1997.4)	
	1998	国家环境保护局升格为正部级国家环境保护总局	修正《中华人民共和国森林法》(1998.4)、《中华人民共和国土地管理法（修订本)》(1998.8)	公布《关于酸雨控制区和二氧化硫污染控制区有关问题的批复》和《关于限制停止生产销售使用车用含铅汽油的通知》、《水污染排放许可证管理暂行办法》(1998.3)、《中华人民共和国河道管理条例》(1998.6)、《矿产资源勘查区块登记管理办法》(1998.2)、《矿产资源开采登记管理办法》(1998.2)、《中华人民共和国土地管理法实施条例》(1998.12)	公布《国家危险废物名录》、《关于乡村生活区工业噪声污染源使用标准问题的通知》(1998.8)	
	1999		颁布《中华人民共和国气象法》；修订《中华人民共和国海洋环境保护法》(1999.12)	《中华人民共和国水生野生动物利用特许办法》(1999.6)	公布《近岸海域环境功能区管理法》、《消耗臭氧层物质进出口管理办法》、《关于加强社会生活噪声污染管理的通知》、《污染源监测管理办法》和《环境保护行政处罚办法》、《关于流域管理机构决定〈防洪法〉规定的行政处罚和行政措施权限的通知》(1999.5)	

附录 A 中国环境规制政策发展历程

续表

<table>
<tr><th></th><th>年份</th><th>组织机构</th><th>相关法律</th><th>行政法规</th><th>部门章程</th><th>其他</th></tr>
<tr><td rowspan="5">全面深化阶段</td><td>2000</td><td></td><td>颁布《中华人民共和国大气污染防治法》(2000.4);《中华人民共和国渔业法(修正案)》(2000.10)</td><td>《中华人民共和国森林法实施条例》(2000.1)</td><td></td><td></td></tr>
<tr><td>2001</td><td></td><td>颁布《中华人民共和国防沙治沙法》</td><td></td><td>公布《地方机动车大气污染物排放标准审批办法》(2001.2)、《关于发布轻型汽车和柴油车限期停产车型名录的通知》、《关于划分高污染材料燃料的规定》、《关于加强铁路噪声污染防治的通知》和《畜禽养殖污染防治管理办法》、《关于加强铁路噪声污染防治的通知》(2001.7)</td><td></td></tr>
<tr><td>2002</td><td></td><td>修订《中华人民共和国水法》(2002.8)、颁布《中华人民共和国环境影响评价法》和《中华人民共和国清洁生产促进法》</td><td>公布《危险化学品安全管理条例》,并废止《化学危险物品安全管理条例》(1987);公布《排污费征收使用管理条例》、《国务院关于加强草原保护与建设的若干规定》(2002.9);《农业野生植物保护办法》(2002.9)</td><td>公布《摩托车报废标准暂行规定》、《开发建设项目水土保持设施验收管理办法》(2002.10)、《水土保持生态环境监测网络管理办法》(2002.2)、《海洋石油开发工程环境影响评价管理程序》(2002.5)、《渔业捕捞许可管理规定》(2002.5)</td><td>党的十六大召开①</td></tr>
<tr><td>2003</td><td></td><td>颁布《中华人民共和国放射性污染防治法》</td><td>公布《医疗废物管理条例》</td><td></td><td>中共十六届三中全会召开②</td></tr>
<tr><td>2004</td><td></td><td>修订《中华人民共和国固体废物污染环境防治法》</td><td>公布《危险废物经营许可证管理办法》</td><td></td><td></td></tr>
</table>

---

① 2002 年,党的十六大把实施可持续发展战略,实现经济发展和人口、资源、环境相协调写入了党领导人民建设中国特色社会主义必须坚持的基本原则。

② 2003 年 10 月,中共十六届三中全会明确提出了"坚持以人为本,树立全面、协调、可持续的发展观,促进经济社会和人的全面发展的科学发展观"。强调"按照统筹城乡发展、统筹区域发展、统筹经济社会发展、统筹人与自然和谐发展、统筹国内发展和对外开放的要求"。

续表

	年份	组织机构	相关法律	行政法规	部门章程	其他
全面深化阶段	2005		颁布《中华人民共和国可再生能源法》	公布《放射源分类办法》		发布了《关于落实科学发展观加强环境保护的决定》
	2006			公布《防治海洋工程建设项目污染损害海洋环境管理条例》和《中华人民共和国濒临危险野生动植物进出口管理条例》	公布《关于修改〈放射性同位素与射线装置安全许可管理办法〉的决定》、《国家级自然保护区监督检查办法》和《病原微生物实验室生物安全环境管理办法》	
	2007		颁布《中华人民共和国城乡规划法》、修订《中华人民共和国节约能源法》	公布《全国污染源普查条例》	公布《城市放射性废物管理办法》和《环境检测管理办法》	
	2008	2008年国家环保局升格为环境保护	颁布《中华人民共和国循环经济促进法》、修订《水污染防治法》	公布《废弃电器电子产品回收管理条例》	公布《国家危险废物名录（新）》、《建设项目环境影响评价分类管理名录》、《危险废物出口核准管理办法》、《禁止进口固体废物目录》、《限制进口类可用作原材料的固体废物目录》和《自动许可进口类可用作原料的固体废物目录》	
	2009			公布《放射性物品运输安全管理条例》	公布《限期治理管理办法（试行）》；修订《新化学物质环境管理办法》和《环境行政处罚办法》	
	2010			公布《消耗臭氧层物质管理条例》	公布《突发环境事件应急预案管理暂行办法》、《放射性物质运输安全许可管理办法》和《废弃电器电子产品处理资格许可管理办法》	

附录 A　中国环境规制政策发展历程

续表

	年份	组织机构	相关法律	行政法规	部门章程	其他
严格实施阶段	2011					发布《国家环境保护"十二五"规划》①、国务院出台《关于加强环境保护重点工作的意见》
	2012		十一届全国人大常委会审议《中华人民共和国环境保护法修正案（草案）》			十八大报告将生态文明建设与经济建设、政治建设、文化建设、社会建设并列，把生态文明建设放在突出地位。
	2013					国务院印发《大气污染防治行动计划》
	2014		《中共中央关于全面推进依法治国若干重大问题的决定》提出要用严格的法律制度保护生态环境。			
	2015		新《环保法》1月1日正式施行			
	2015		修订《大气污染防治法》，自2016年1月1日起正式施行			
	2016	中央环保督察组成立				
	2018		《环境保护税法》1月1日正式施行			

---

①　规划中提到，保护环境是我国的基本国策。为推进"十二五"期间环境保护事业的科学发展，加快资源节约型、环境友好型社会建设，制定本规划。

附录 B 中国工业行业代码及名称

行业代码	行业名称	行业代码	行业名称
06	煤炭开采和洗选业	27	医药制造业
07	石油和天然气开采业	28	化学纤维制造业
08	黑色金属矿采选业	29	橡胶制品业
09	有色金属矿采选业	30	塑料制品业
10	非金属矿采选业	31	非金属矿物制品业
13	农副食品加工业	32	黑色金属冶炼及压延加工业
14	食品制造业	33	有色金属冶炼及压延加工业
15	饮料制造业	34	金属制品业
16	烟草制品业	35	通用设备制造业
17	纺织业	36	专用设备制造业
18	纺织服装、鞋、帽制造业	37	交通运输设备制造业
19	皮革、毛皮、羽毛及其制品业	39	电气机械及器材制造业
20	木材加工及木、竹、藤、棕、草制品业	40	通信设备、计算机及其他电子设备制造业
21	家具制造业	41	仪器仪表及文化办公用机械制造业
22	造纸及纸制品业	42	工艺品及其他制造业
23	印刷业和记录媒介的复制	44	电力热力的生产和供应业
24	文教体育用品制造业	45	燃气生产和供应业
25	石油加工、炼焦及核燃料加工业	46	水的生产和供应业
26	化学原料及化学制品制造业		

附录 C 中国工业行业环境规制强度测算结果

样本行业环境规制强度

行业代码	行业名称	统计年份									总量	平均
		2003	2004	2005	2006	2007	2008	2009	2010	2011		
06	煤炭开采和洗选业	2.6716	3.3361	2.2569	3.0355	1.7682	1.7114	1.4925	1.2257	1.5792	19.077	2.1197
07	石油和天然气开采业	3.581	2.8574	2.5679	2.7065	2.7824	2.1397	2.4347	1.9813	1.9155	22.966	2.5518
08	黑色金属矿采选业	22.886	8.657	7.2184	21.912	10.361	7.0654	5.3636	3.5251	4.6997	91.688	10.188
09	有色金属矿采选业	27.238	10.099	9.9968	8.833	7.5415	7.7267	10.026	6.8612	17.629	105.95	11.772
10	非金属矿采选业	5.5836	5.1627	7.6851	3.9807	5.2349	5.8647	7.0698	3.8384	1.5966	46.017	5.113
13	农副食品加工业	2.0584	1.9947	2.1625	2.699	1.9982	1.5428	2.103	1.5881	1.3103	17.457	1.9397
14	食品制造业	5.8704	4.9913	3.7031	3.2378	2.8326	2.5762	2.5669	3.4688	2.5182	31.765	3.5295
15	饮料制造业	3.3122	3.0708	3.358	3.6572	7.6741	3.0598	2.5003	2.4163	3.0492	32.098	3.5664
16	烟草制品业	0.4237	0.3024	0.3374	0.4136	0.3148	0.288	0.3487	0.301	0.3507	3.0802	0.3422
17	纺织业	4.0717	4.2968	4.0642	7.8755	4.1957	4.7552	5.3366	6.0625	3.5829	44.241	4.9157
18	纺织服装业	0.5301	0.566	1.178	1.3644	1.2289	1.149	6.1609	0.4535	2.8353	15.466	1.7185
19	皮革毛皮羽毛业	1.7616	1.9921	2.1085	3.7792	2.0878	2.1326	1.745	1.4576	1.1421	18.207	2.023
20	木材加工业	1.9069	2.036	2.1126	2.8654	1.4906	2.9585	1.7567	1.3097	1.6739	18.11	2.0122
21	家具制造业	0.7524	0.6197	1.2408	0.4106	0.4647	0.3945	1.0932	0.3914	0.1981	5.5654	0.6184
22	造纸及纸制品业	18.882	20.904	17.042	14.419	15.486	13.597	15.086	15.219	13.416	144.05	16.006

· 199 ·

续表

行业代码	行业名称	统计年份									总量	平均
		2003	2004	2005	2006	2007	2008	2009	2010	2011		
23	印刷业和记录媒介的复制业	0.6883	0.4659	0.6239	0.5487	0.5642	0.4501	0.5335	4.2749	0.5157	8.6653	0.9628
24	文教体育用品制造业	0.2193	0.2923	0.4359	0.1778	0.2347	0.2093	0.2902	0.2288	0.4543	2.5425	0.2825
25	石油加工业	4.3648	3.2414	3.1421	3.8204	3.9471	3.1443	3.9649	3.342	3.6765	32.643	3.627
26	化学原料及化学制品制造业	7.52	6.8633	6.5427	6.8815	6.6939	5.6684	6.292	4.7601	4.9316	56.153	6.2393
27	医药制造业	2.6347	2.966	2.7911	3.9565	3.5079	3.0501	3.7625	2.4483	2.0321	27.149	3.0166
28	化学纤维制造业	8.3635	11.41	3.2556	5.2339	3.968	3.8596	4.2231	3.6325	2.4504	46.397	5.1552
29	橡胶制品业	0.948	1.547	0.8219	0.9013	0.808	0.7947	0.8336	0.9253	1.6049	9.1848	1.0205
30	塑料制品业	0.706	0.6485	0.6873	0.5217	0.6708	0.9031	0.7663	0.6315	0.5013	6.0365	0.6707
31	非金属矿物制品业	10.327	13.1	10.951	13.459	9.5042	20.238	7.7621	9.3103	7.8174	102.47	11.385
32	黑色金属冶炼业	9.357	8.63	5.8808	6.8751	6.3053	5.6124	7.345	7.1239	7.7732	64.903	7.2114
33	有色金属冶炼业	9.1527	7.2856	6.1988	7.0732	5.4262	5.012	5.8513	4.5691	3.7435	54.312	6.0347
34	金属制品业	3.7999	3.3986	3.4939	6.7009	4.9765	3.1368	2.8743	2.351	3.6583	34.39	3.8211
35	通用设备制造业	0.5489	0.9036	0.3944	0.3886	0.4343	0.5502	0.5362	0.443	1.0184	5.2176	0.5797
36	专用设备制造业	1.2269	0.5182	0.7488	0.4105	0.4179	0.3479	0.3933	0.2841	0.2392	4.5867	0.5096
37	交通运输设备制造业	0.4559	0.7992	0.4098	0.4949	0.4074	0.3247	0.3624	0.4006	0.3123	3.967	0.4408
39	电气机械及器材制造业	0.3532	0.3233	0.7741	0.1916	0.2218	0.1813	0.1769	0.1798	0.5366	2.9385	0.3265
40	通信设备计算机及其他电子设备制造业	0.3411	0.2307	0.3377	0.3308	0.6115	0.4572	0.4621	0.6293	0.5277	3.9279	0.4364
41	仪器仪表及文化办公用品	2.5389	2.6471	1.3726	1.2778	1.2977	0.8378	0.937	0.4523	0.1897	11.551	1.2834
42	工艺品及其他制造业	0.5725	0.5705	0.5646	0.5047	0.4418	0.6706	0.6196	0.3785	0.4394	4.7622	0.5291
44	电力热力的生产和供应业	11.646	5.1051	5.0248	9.4938	9.8971	12.573	13.654	12.982	20.429	100.8	11.201
45	燃气生产和供应业	6.2578	4.0193	3.5953	2.6658	2.1272	2.3966	1.1952	0.9524	0.535	23.745	2.6383
46	水的生产和供应业	1.128	1.8481	19.056	5.2224	3.3455	8.8298	10.015	8.8663	1.7852	60.096	6.6774